Mathematik

2

Arbeitsheft

Erarbeitet von

Ümmü Demirel

Astrid Deseniss

Claudia Drews

Christina Hohenstein

Christian Grulich

Anne Schachner

Susanne Ullrich

Christine Winter

und

der Cornelsen Redaktion

Primarstufe

Cornelsen

Inhaltsverzeichnis

① Male die Autos an:

 1., 4., 10.   🟦 3., 8.   🟩 5., 9.

🟨 7.   🟪 2., 6.

② Zeichne.

3.

3

6.

6

③ Das ___7.___ Auto ist gelb.

Das _____ Auto ist blau.

Das _____ Auto ist rot.

Das _____ Auto ist violett.

Das _____ Auto ist grün.

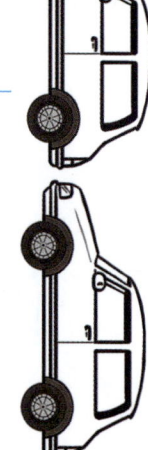

▶SB 7

① Zeichne Münzen und Scheine.

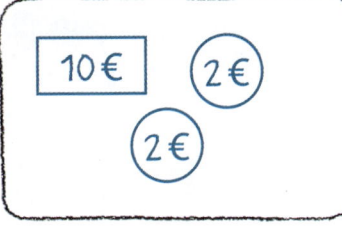

14 €

9 ct

18 ct

11 ct

8 €

19 €

---

②  2 €  3 €  2 €  1 €

a)

[2 €] + [2 €] + [1 €] = [ ]

b)

[ ] + [ ] + [ ] = [ ]

c)

[ ] + [ ] + [ ] + [ ] = [ ]

d)

[ ] + [ ] + [ ] + [ ] = [ ]

e)

[ ] + [ ] + [ ] + [ ] = [ ]

f)

[ ] + [ ] + [ ] + [ ] = [ ]

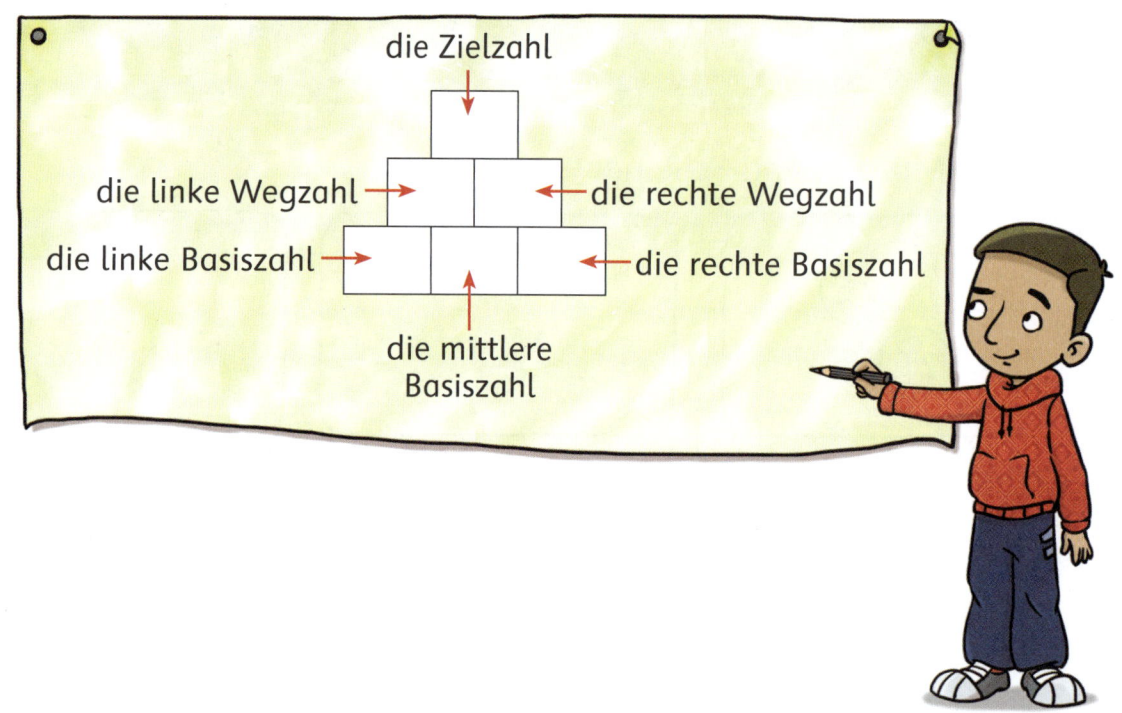

die Zielzahl

die linke Wegzahl → ← die rechte Wegzahl

die linke Basiszahl → ← die rechte Basiszahl

die mittlere Basiszahl

①

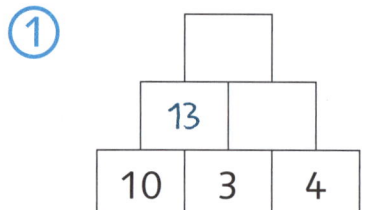

	13	
10	3	4

8	2	7

1	6	5

②

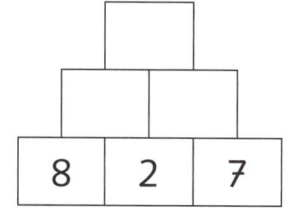

14 / 8 / 4 / 2

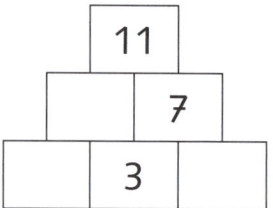

11 / 7 / 3

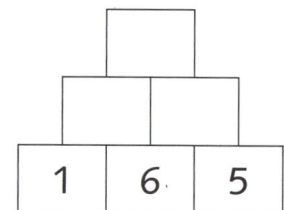

16 / 9 / 5

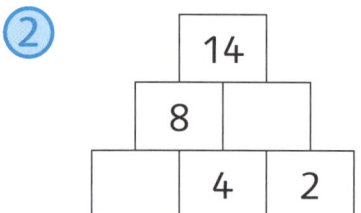

10 / 4 / 3

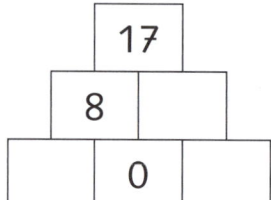

17 / 8 / 0

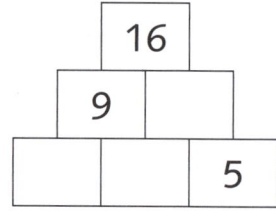

15 / 10 / 5

③

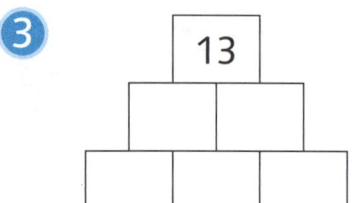

13

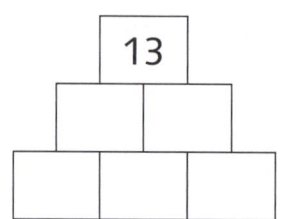

13

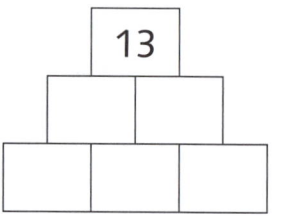

13

► SB 12/13

Größer, kleiner, gleich

Ⓒ oder ⊜ oder Ⓢ?

① a) 14 Ⓢ 12
 9 ◯ 17
 20 ◯ 19

 b) 8 ◯ 8
 12 ◯ 13
 15 ◯ 5

 c) 20 ◯ 10
 10 ◯ 20
 7 ◯ 0

② a) 4 + 9 ◯ 14
 7 + 5 ◯ 12
 8 + 6 ◯ 11

 b) 10 ◯ 9 + 3
 8 ◯ 4 + 4
 17 ◯ 8 + 9

 c) 10 + 4 ◯ 14
 9 ◯ 6 + 7
 12 + 3 ◯ 15

③ a) 18 − 9 ◯ 4
 12 − 6 ◯ 7
 10 − 5 ◯ 5

 b) 3 ◯ 14 − 8
 9 ◯ 10 − 0
 17 ◯ 18 − 5

 c) 16 − 9 ◯ 14
 13 − 8 ◯ 7
 2 ◯ 12 − 10

④ a) 14 + 3 ◯ 13 + 4
 9 + 7 ◯ 4 + 8
 3 + 6 ◯ 15 + 1

 b) 17 − 8 ◯ 12 − 6
 11 − 4 ◯ 20 − 18
 13 − 0 ◯ 16 − 13

⑤ a) 2 + 16 < 14 + 5
 ⬚ + 9 = 4 + 8
 7 + 12 > ⬚ + 10

 b) 18 − ⬚ = 10 − 5
 ⬚ − 3 > 14 − 6
 9 − 5 < 17 − ⬚

 c) 8 + 4 > ⬚ + 11
 14 + ⬚ < 17 + 2
 ⬚ + 4 = 8 + 7

 d) ⬚ − 5 > 15 − 7
 16 − 3 = ⬚ − 4
 13 − ⬚ < 7 − 3

 e) ⬚ + 7 = 12 + 3
 11 + 2 > 6 + ⬚
 9 + ⬚ < 5 + 13

 f) 12 − 3 > ⬚ − 5
 16 − 2 < 20 − ⬚
 17 − ⬚ = 12 − 2

Der Zehner

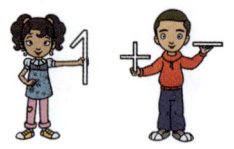

① Wie heißt die Zahl?

a) 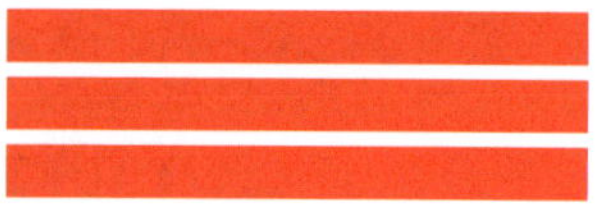

30

b)

c)

d)

e) 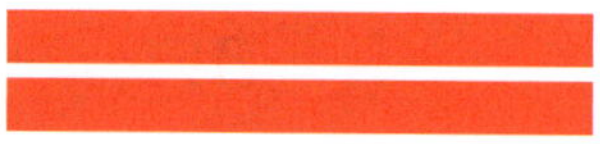

f)

g)

h)

i)

② a) 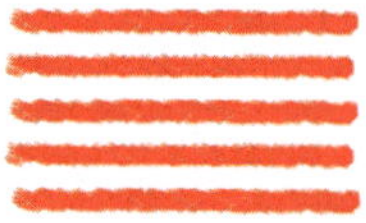

50

b) 80

c) 20

d) 30

e) 70

f) 60

► SB 14

Bündeln in Zehner

① Wie viele sind es?

a) 60

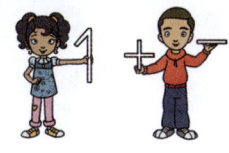

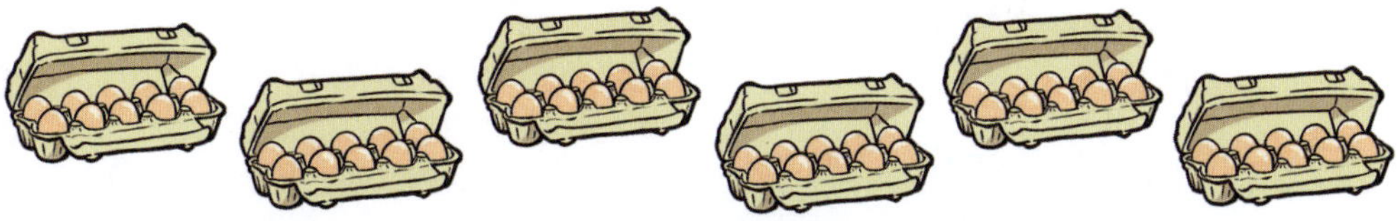

b) ☐

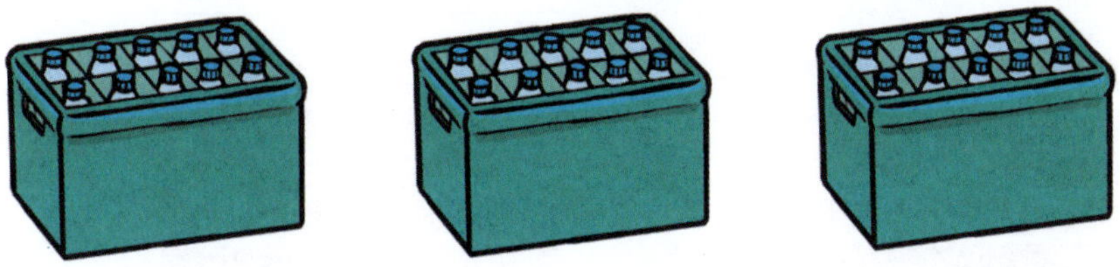

c) ☐

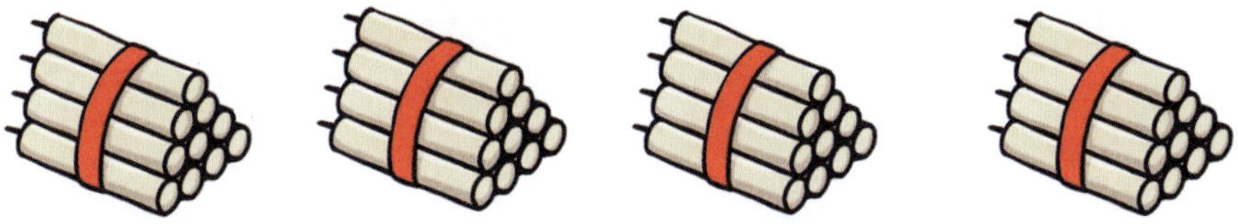

d) ☐

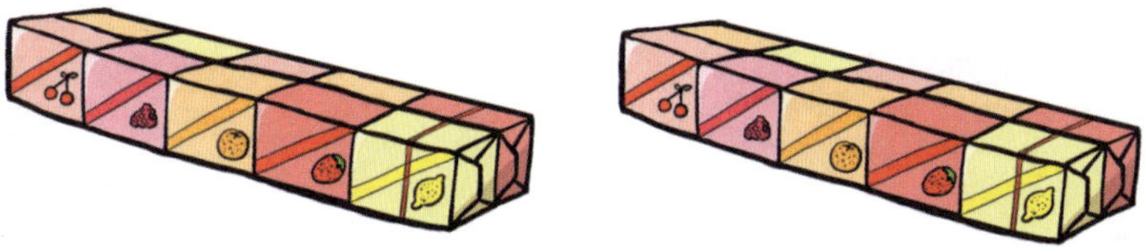

e) ☐

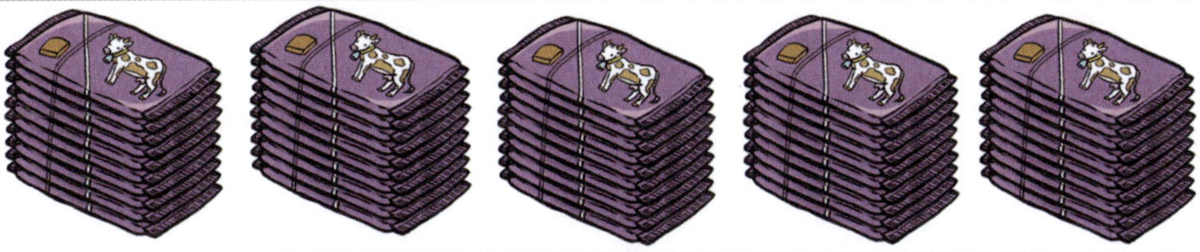

f) ☐

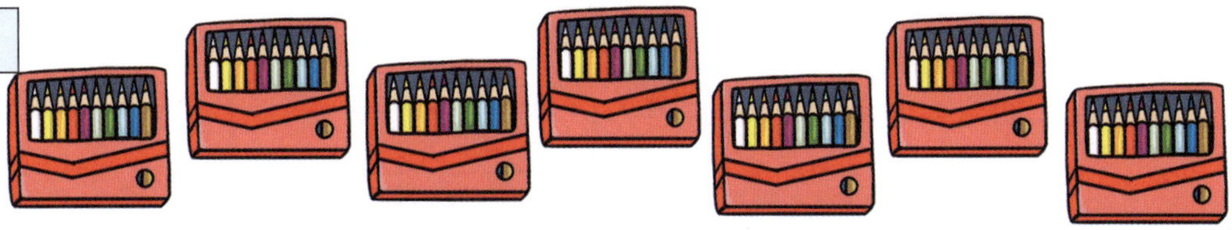

g) ☐

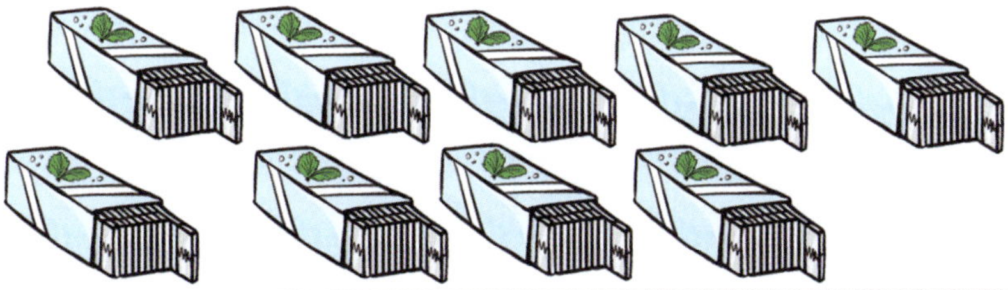

① Wie viele Zehner und wie viele Einer sind es?

a)
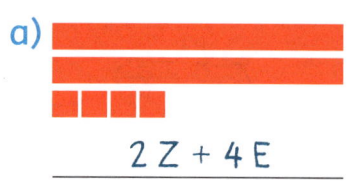
2 Z + 4 E

b)

_____

c)

_____

d)

_____

e)
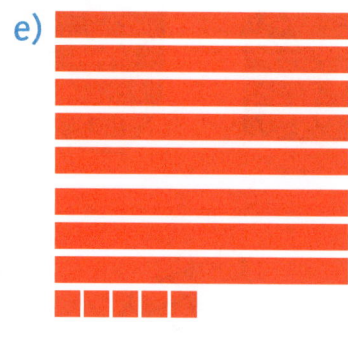
_____

f)

_____

g)
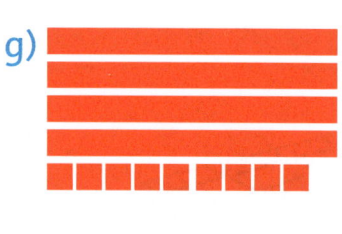
_____

h)
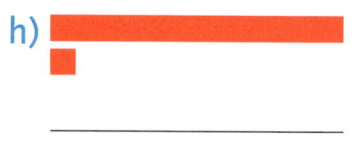
_____

i)

_____

② a)
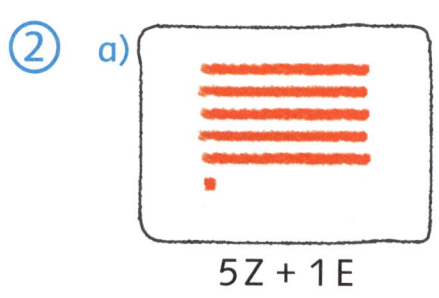
5 Z + 1 E

b)
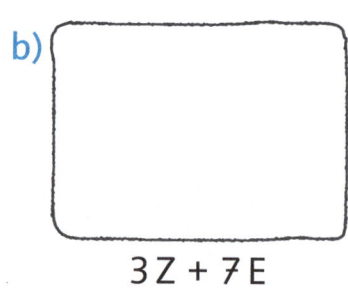
3 Z + 7 E

c)

7 Z + 2 E

d)
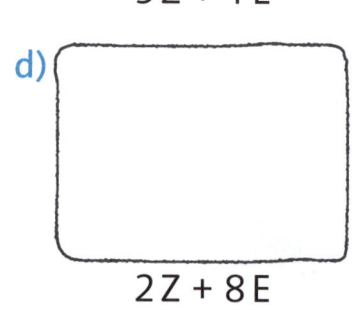
2 Z + 8 E

e)
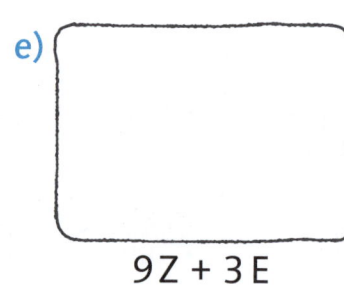
9 Z + 3 E

f)
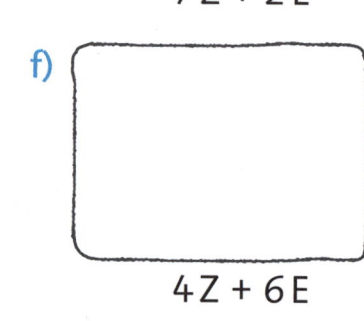
4 Z + 6 E

▶ SB 16

① Wie heißt die Zahl?

a) 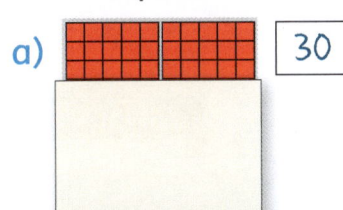 `30`

b)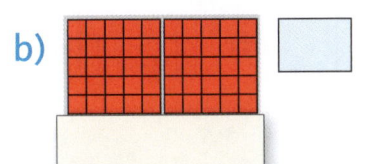

c)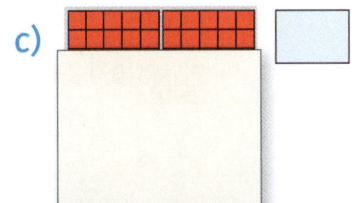

d)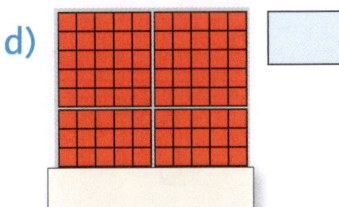

e)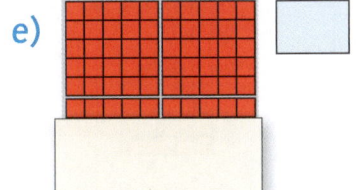

f)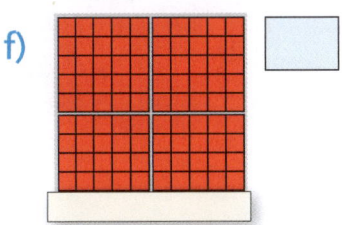

g)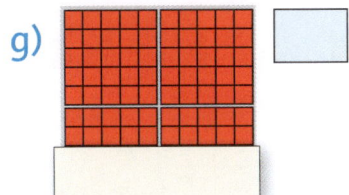

h)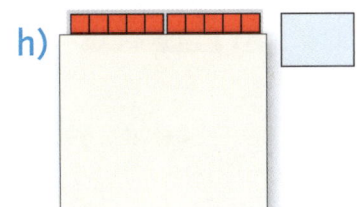

i)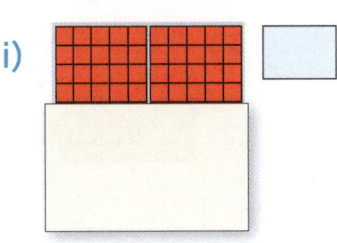

② a) 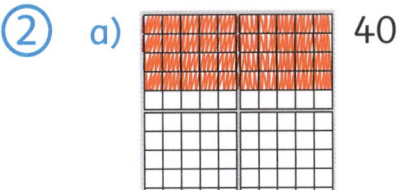 40

b) 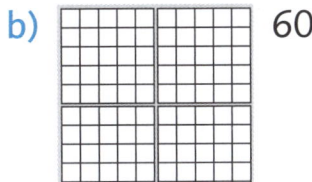 60

c) 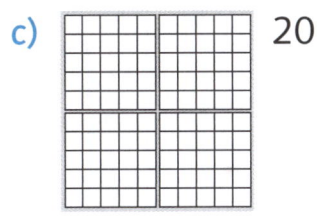 20

d) 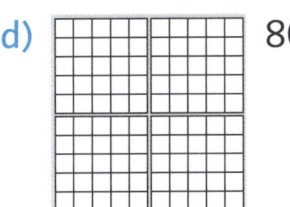 80

e) 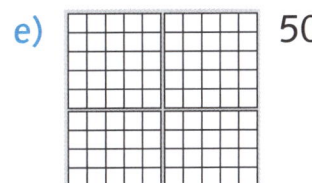 50

f) 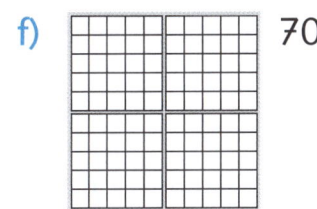 70

③ a)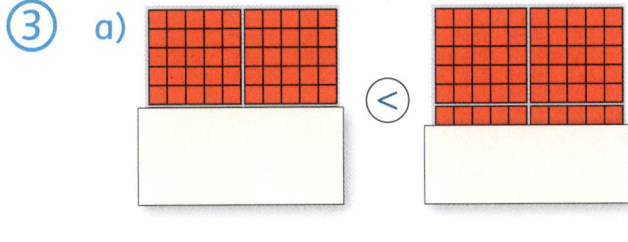

b)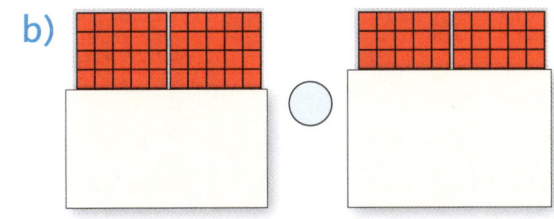

c)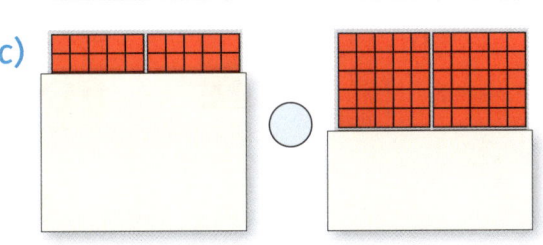

d)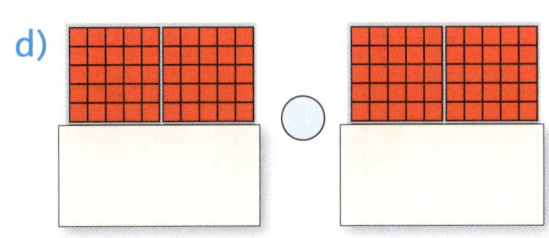

① Wie heißt die Zahl?

a) 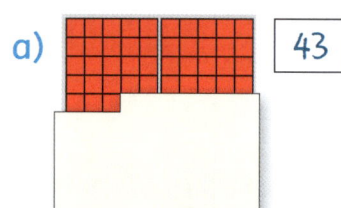 43

b)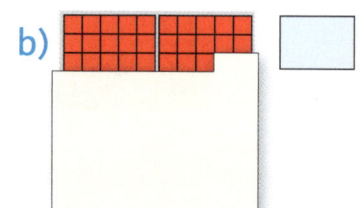

c)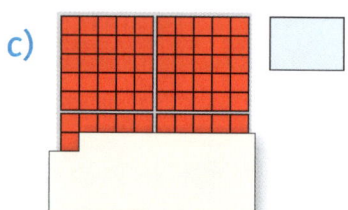

d)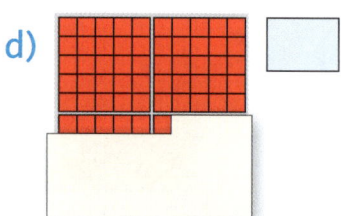

e)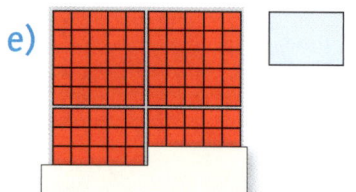

f)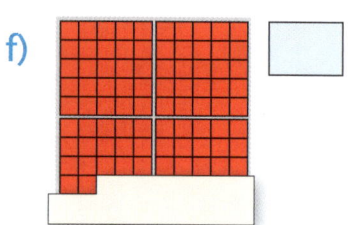

g)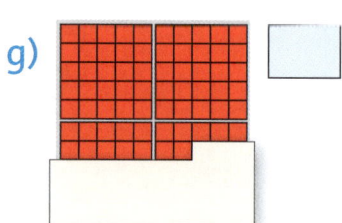

h)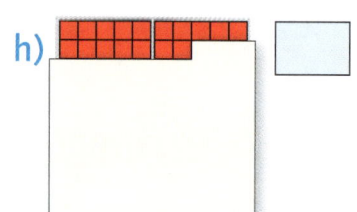

i)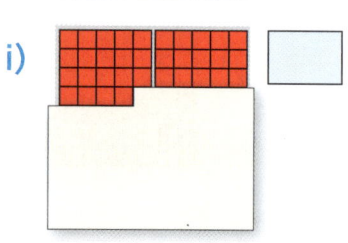

② a) 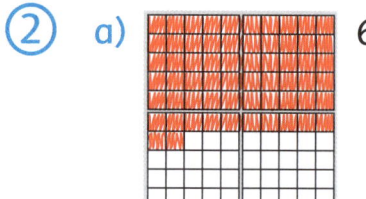 62

b) 43

c) 81

d) 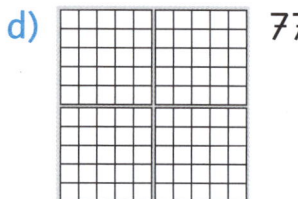 77

e) 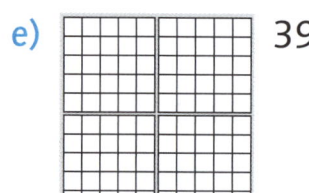 39

f) 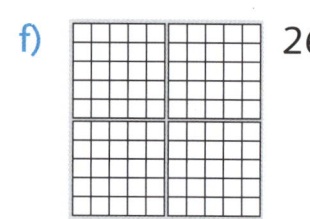 26

③ a) 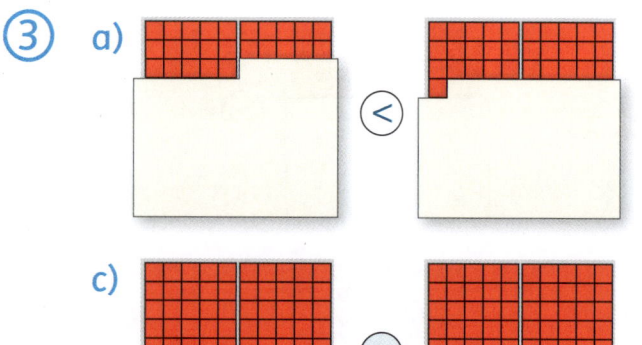 <

b)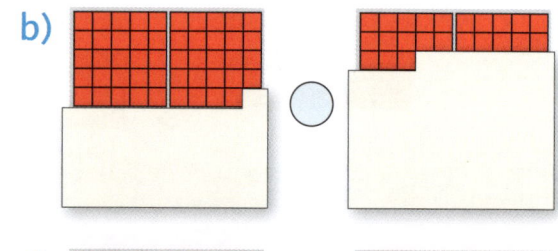

c)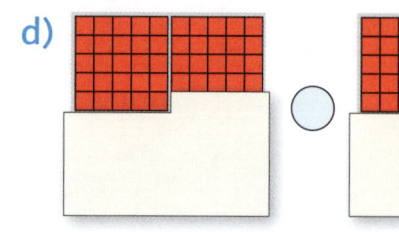

d)

▶ SB 19

Die Hundertertafel

① a) Wie viele Zeilen sind es?

Es sind _____ Zeilen.

b) Wie viele Zahlen sind in einer Zeile?

Es sind _____ Zahlen.

c) Wie viele Spalten sind es?

Es sind _____ Spalten.

d) Wie viele Zahlen sind in einer Spalte?

Es sind _____ Zahlen.

1	2	3	4	5	6	7	8	9	10
11	12	13	14	15	16	17	18	19	20
21	22	23	24	25	26	27	28	29	30
31	32	33	34	35	36	37	38	39	40
41	42	43	44	45	46	47	48	49	50
51	52	53	54	55	56	57	58	59	60
61	62	63	64	65	66	67	68	69	70
71	72	73	74	75	76	77	78	79	80
81	82	83	84	85	86	87	88	89	90
91	92	93	94	95	96	97	98	99	100

② a) Schreibe alle Zahlen in der 5. Zeile.

Was entdeckst du?

b) Schreibe alle Zahlen in der 7. Zeile.

Was entdeckst du?

c) Schreibe alle Zahlen in der 3. Spalte.

Was entdeckst du?

d) Schreibe alle Zahlen in der 1. Spalte.

Was entdeckst du?

Der Einer bleibt gleich.

Der Zehner wird größer.

Der Einer wird immer um 1 größer.

③ a) Schreibe alle Zahlen rechts von 3. _____

b) Schreibe alle Zahlen unter 77. _____

c) Schreibe alle Zahlen über 46. _____

①

a)
	5
14	15
	25

b)
	9

c)
34	

d)
55

e)
	42

f)
22	

g)
61	

h)
69

i)
75

②

a)
73	
	84

b)
41

c)
	88

d)
33	

e)
66

f)
44

g)
	77

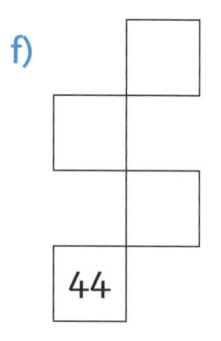
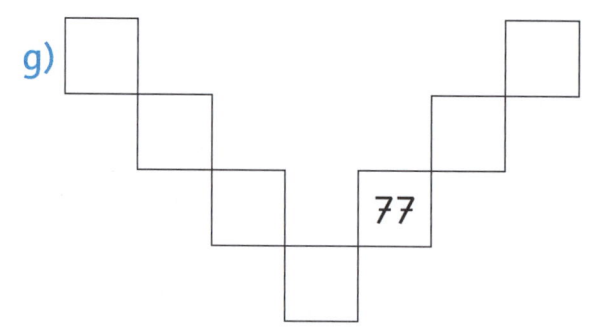

► SB 21

Der Zahlenstrahl (1)

1 Welche Zahlen sind es?

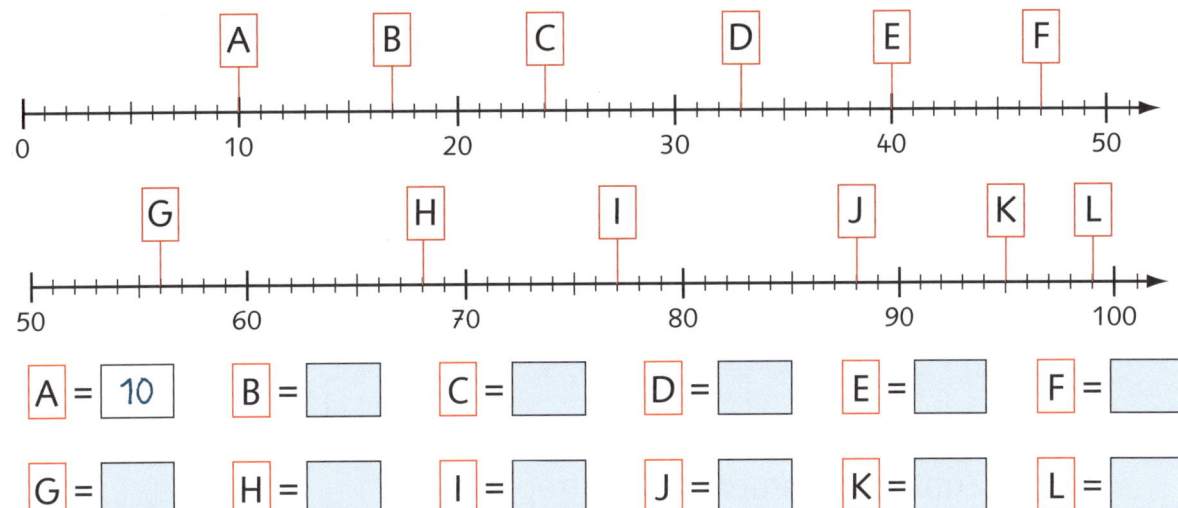

A = 10   B = ☐   C = ☐   D = ☐   E = ☐   F = ☐

G = ☐   H = ☐   I = ☐   J = ☐   K = ☐   L = ☐

2 a)

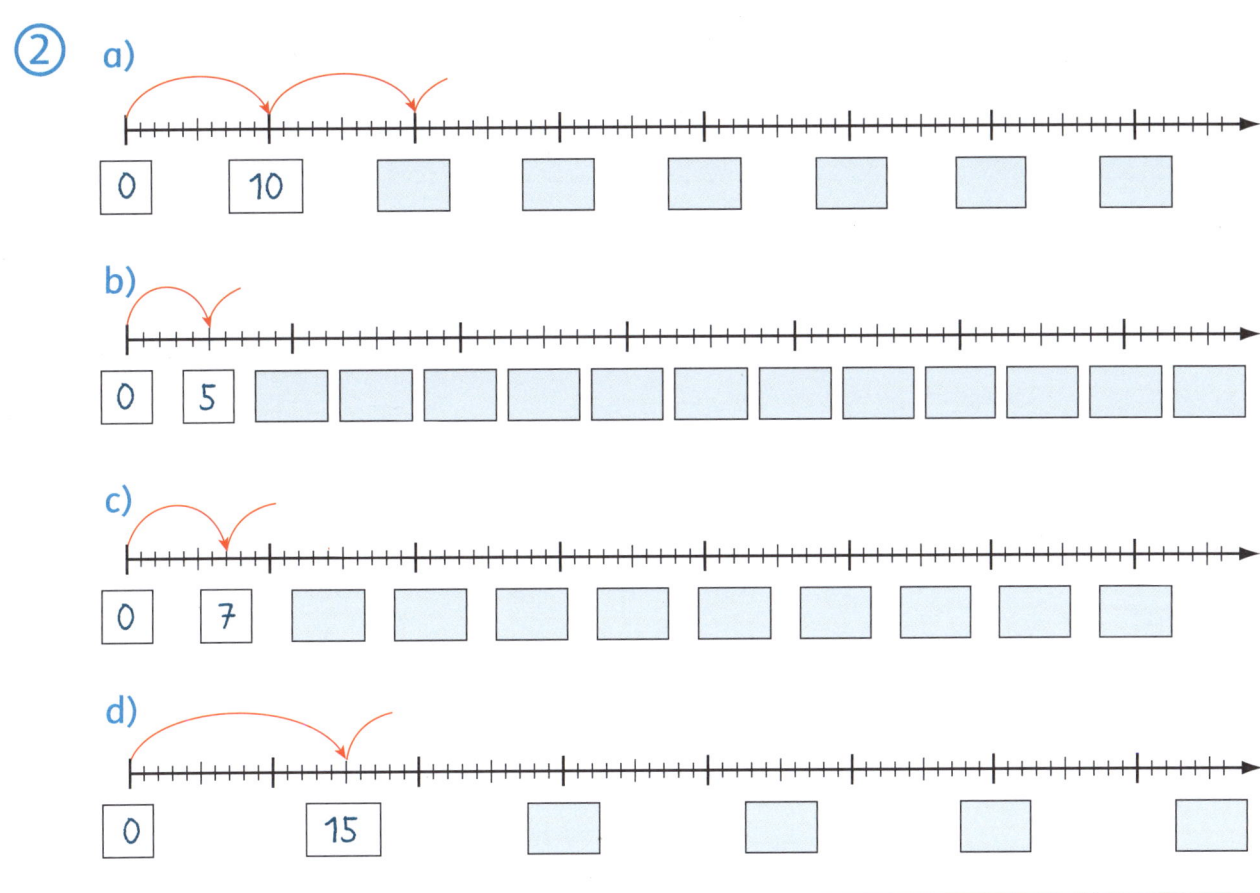

0   10   ☐   ☐   ☐   ☐   ☐   ☐

b)

0   5   ☐ ☐ ☐ ☐ ☐ ☐ ☐ ☐ ☐ ☐ ☐

c)

0   7   ☐   ☐   ☐   ☐   ☐   ☐   ☐   ☐   ☐

d)

0   15   ☐   ☐   ☐   ☐

3 a) 0, 4, 8, _____

b) 0, 9, 18, _____

c) 0, 3, 6, _____

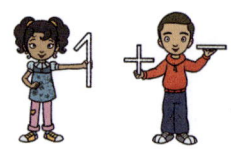

Der Zahlenstrahl (2)

1 a) Die Zahl wird immer um 10 größer.

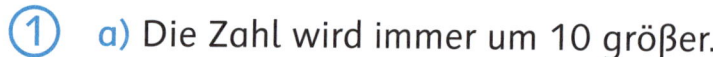

b) Die Zahl wird immer um 5 größer.

c) Die Zahl wird immer um 20 größer.

2 a)

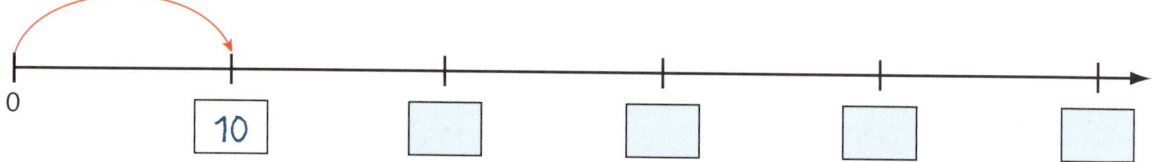

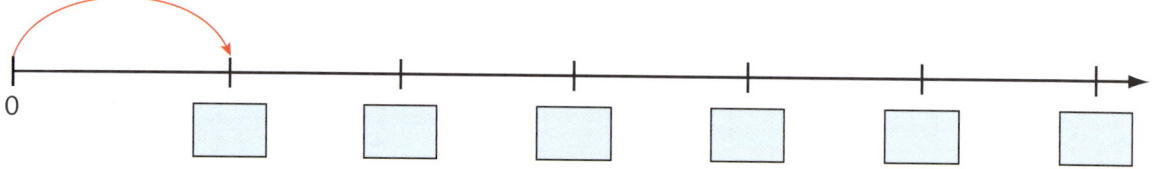

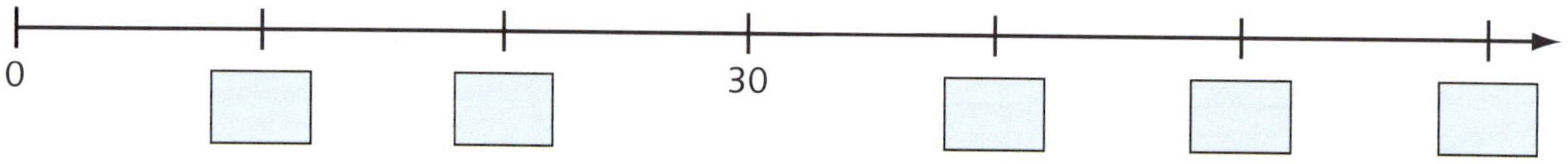

b)

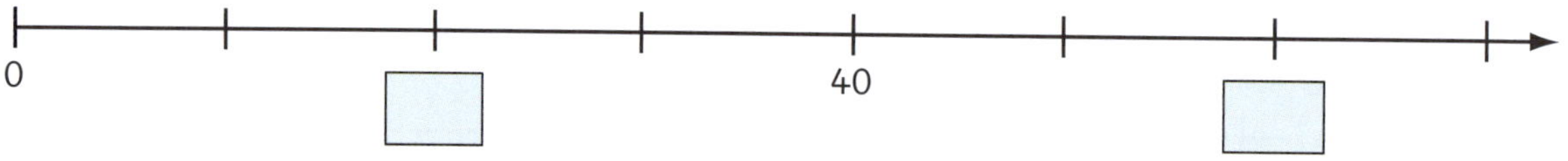

c)

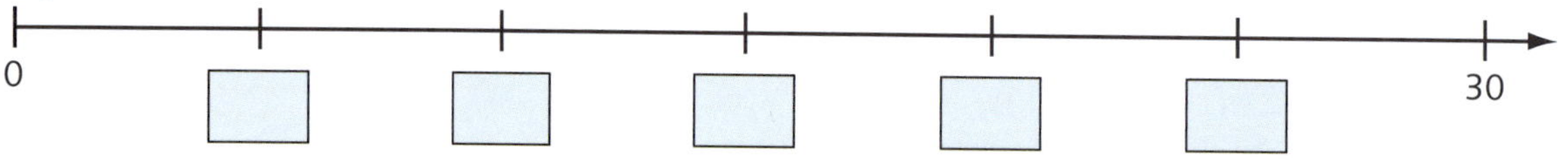

d)

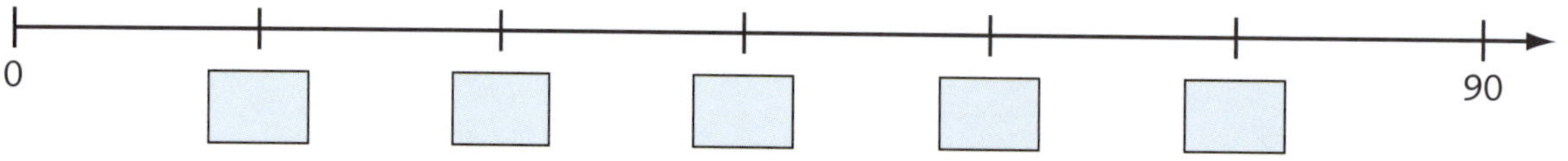

e)

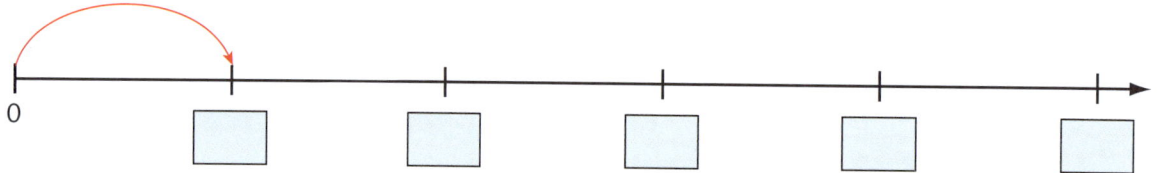

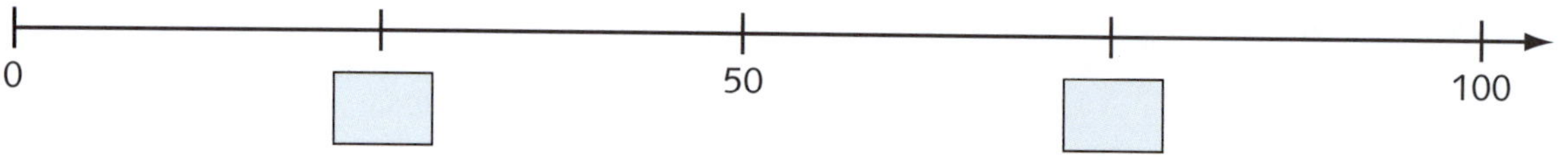

► SB 22/23

③ Springe vor zum großen Nachbarzehner.

 a)

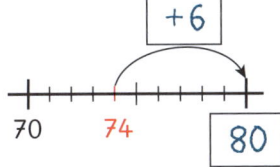
70   74   80

b)

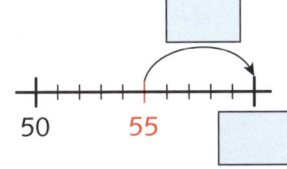
50   55

c)

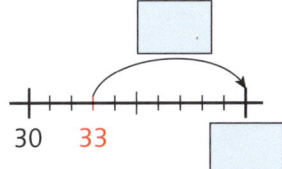
30   33

d)

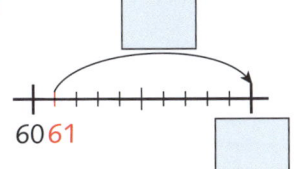
60 61

e)

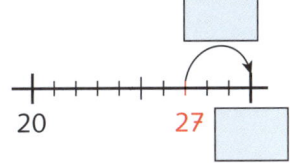
20   27

f)

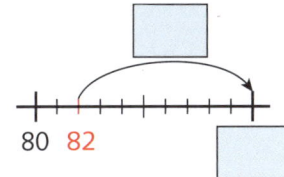
80   82

g)

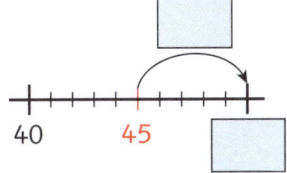
40   45

h)

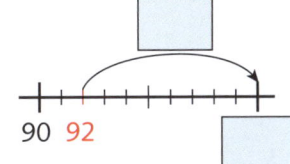
90   92

i)

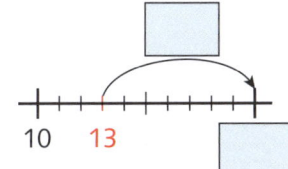
10   13

④ Springe zurück zum kleinen Nachbarzehner.

a)

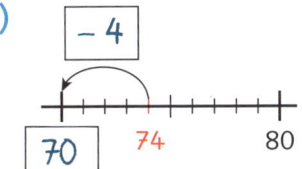
70   74   80

b)

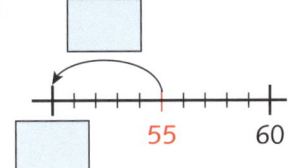
55   60

c)

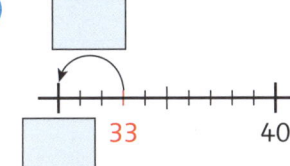
33   40

d)

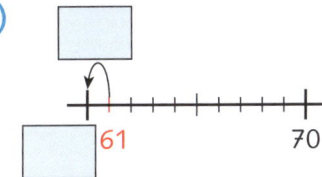
61   70

e)

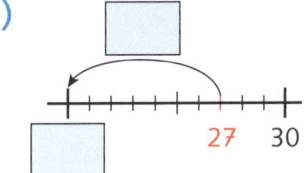
27   30

f)

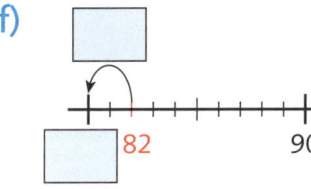
82   90

g)

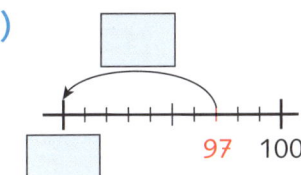
97   100

h)

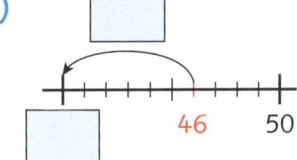
46   50

i)

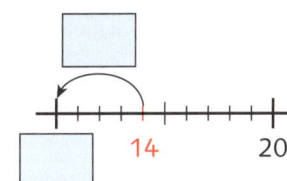
14   20

⑤ Springe zum Zehner.

a) 35 + 5 = 40

22 – ☐ = ☐

73 + ☐ = ☐

44 – ☐ = ☐

b) 43 + ☐ = ☐

53 + ☐ = ☐

65 – ☐ = ☐

91 + ☐ = ☐

c) 87 – ☐ = ☐

18 – ☐ = ☐

24 + ☐ = ☐

86 + ☐ = ☐

Zeichenuhr

① Zeichne verschiedene Dreiecke.

a)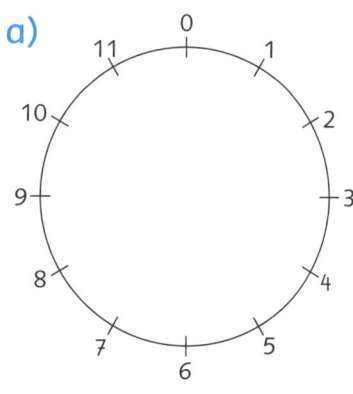

b)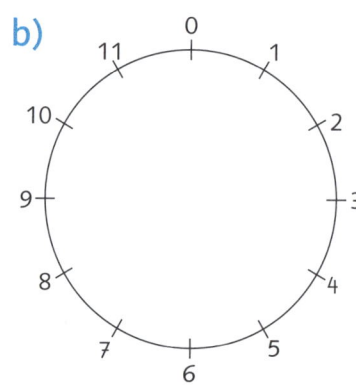

c)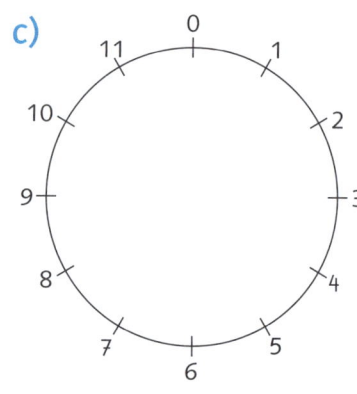

d)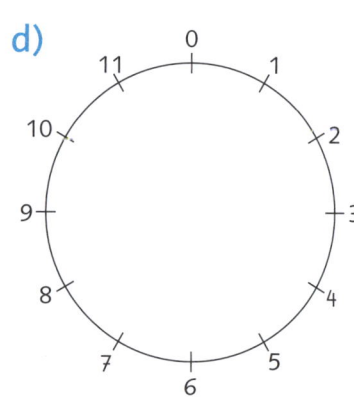

e)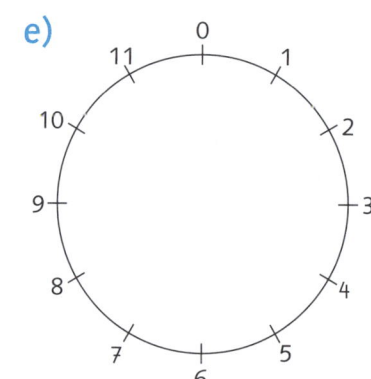

f)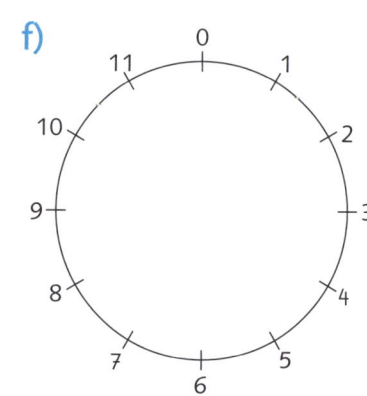

② Zeichne verschiedene Quadrate.

a)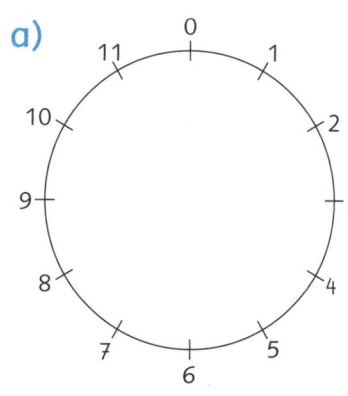

b)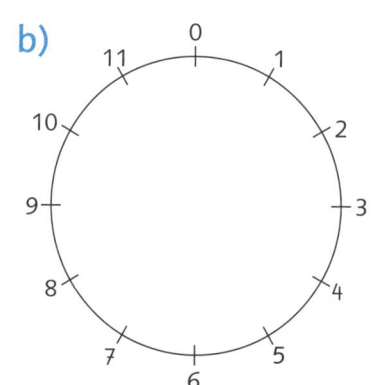

c)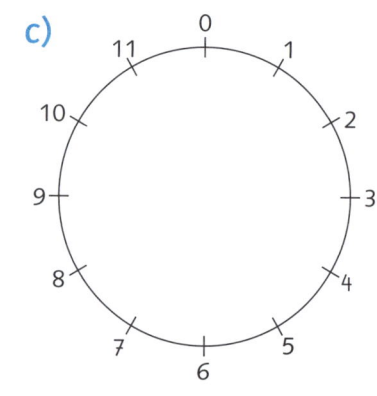

③ Zeichne verschiedene Rechtecke.

a)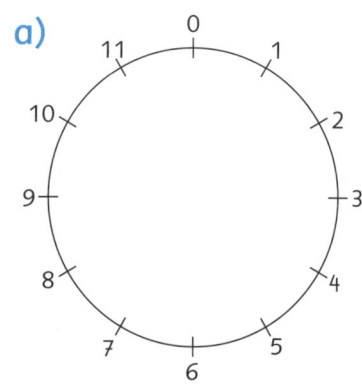

b)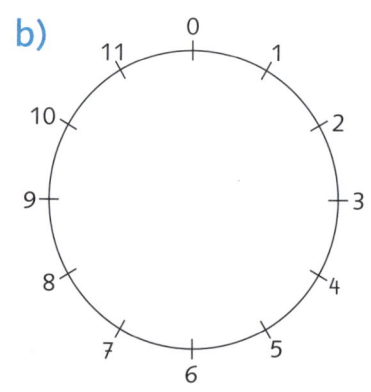

c)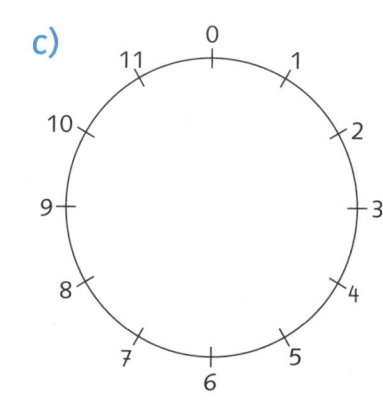

► SB 26

④ Zeichne das Muster nach.
Male es mit verschiedenen Farben aus.

a)

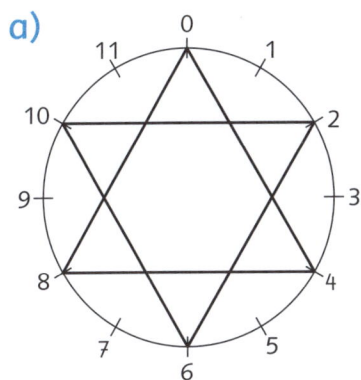

b)

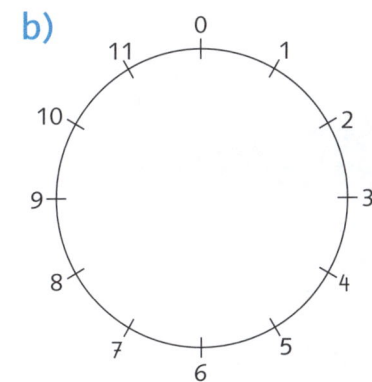

c)

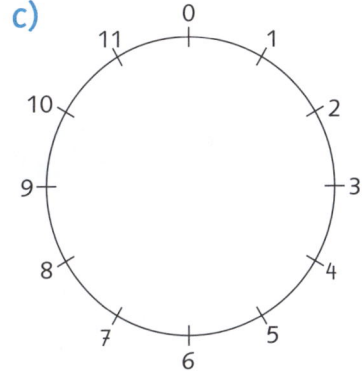

⑤ Zeichne Muster mit Quadraten und Rechtecken.
Male die Muster aus.

a)

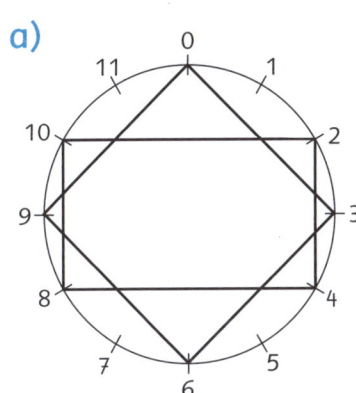

b)

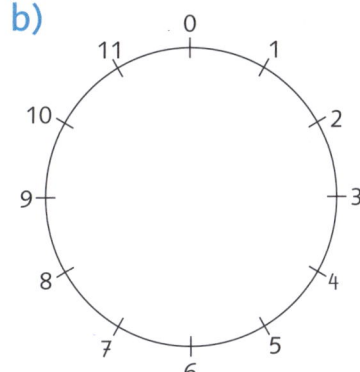

c)

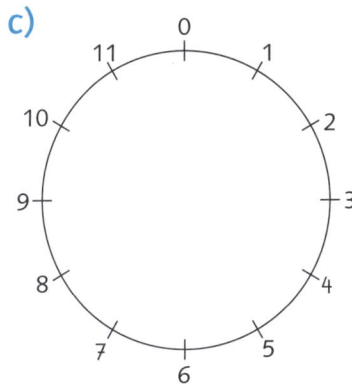

⑥ Zeichne Muster mit verschiedenen Formen.
Male die Muster aus.

a)

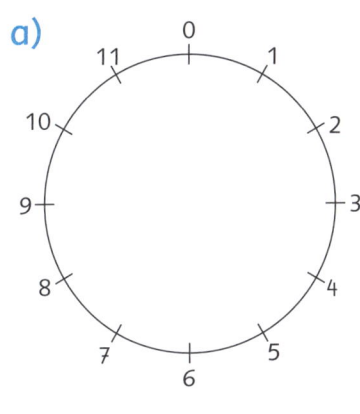

b)

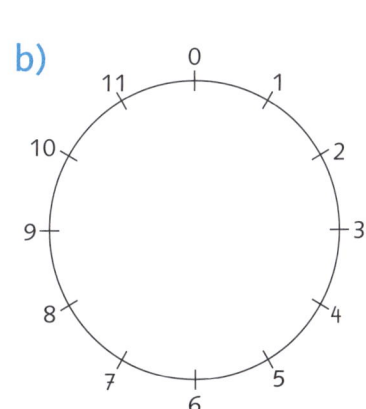

c)

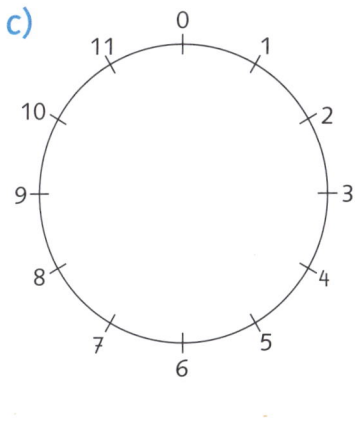

Muster

① Wie geht das Muster weiter?

a)

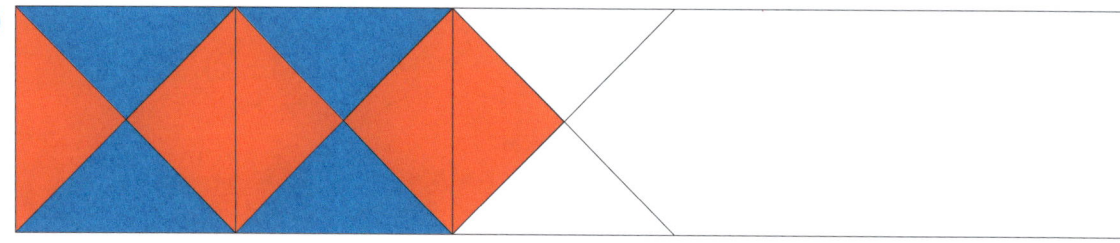

b)

② a) Male das Muster. Wie geht das Muster weiter?

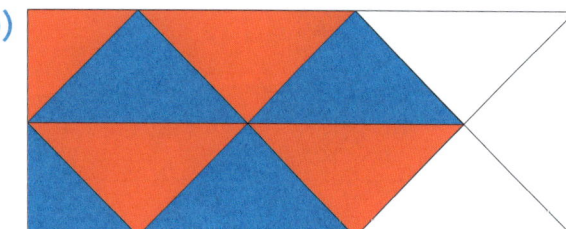

1. Zeile: Male das Quadrat links blau.
Male das Quadrat in der Mitte rot.
Male das Quadrat rechts blau.

2. Zeile: Male das Quadrat links rot.

b) Male das Muster. Beschreibe das Muster.

1. Zeile: Das Quadrat links ist _____ .

_____

_____

2. Zeile: _____

_____

_____

3. Zeile: _____

_____

_____

20

▸ SB 28

③ **a)** Beschreibe das Muster.

in der Mitte   links   rechts

1. Zeile: _____
_____
_____

2. Zeile: _____
_____
_____

3. Zeile: _____
_____
_____

b) Male und beschreibe ein eigenes Muster.

1. Zeile: _____
_____
_____

2. Zeile: _____
_____
_____

3. Zeile: _____
_____
_____

④ Male die Muster weiter.

Rechnen mit Einern oder Zehnern
(ZE + ZE, ZE − ZE und ZE + Z, ZE − Z)

① Schreibe die Aufgabe.

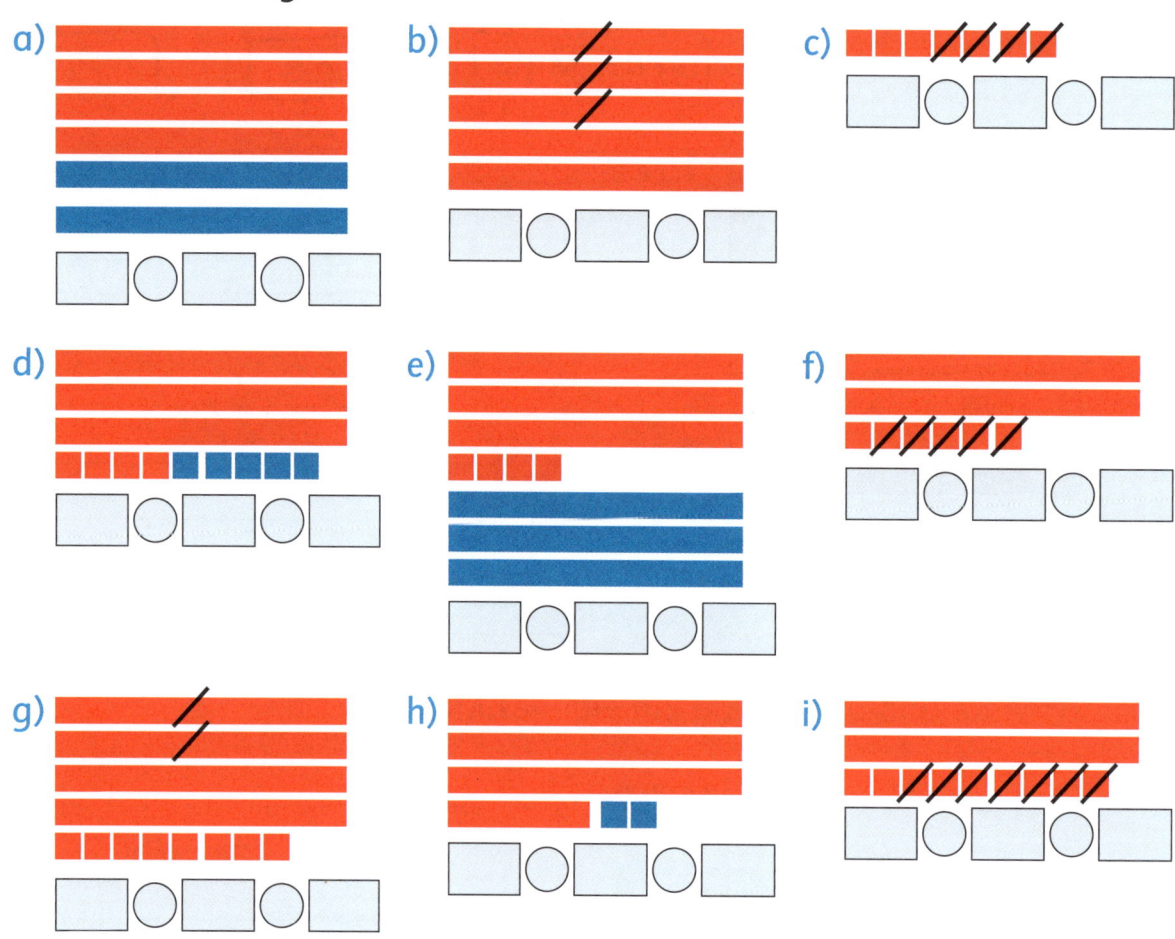

a)

b)

c)

d)

e)

f)

g)

h)

i)

---

② Zeichne das Bild.
Rechne die Aufgabe.

a)

46 + 3 = ☐

b)

27 + 40 = ☐

c)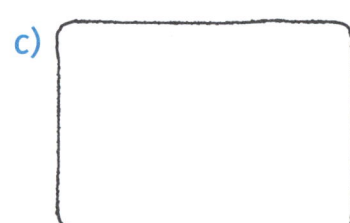

56 + 4 = ☐

d)

53 − 30 = ☐

e)

68 − 1 = ☐

f)

74 − 60 = ☐

▶ SB 36

③ a)

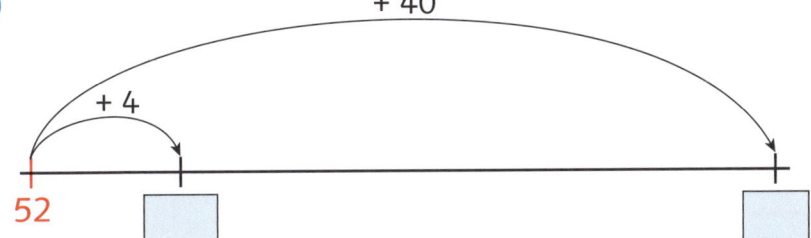

52 + 4 = ☐
52 + 40 = ☐

b)

64 + 3 = ☐
64 + 30 = ☐

c)

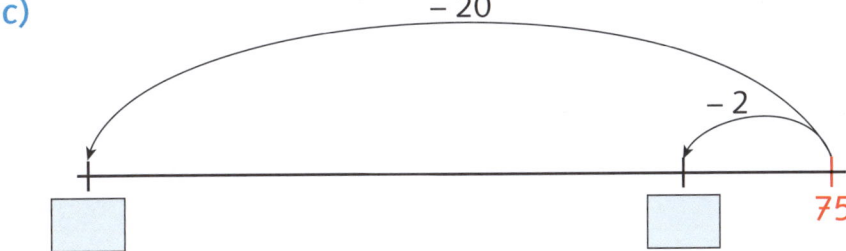

75 − 2 = ☐
75 − 20 = ☐

d)

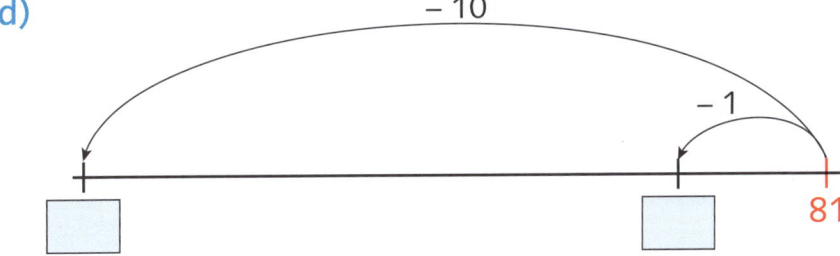

81 − 1 = ☐
81 − 10 = ☐

④ Verbinde mit jeder Aufgabe einen passenden Satz.

67 − 5 = 62   67 + 2 = 69   67 − 40 = 27   67 + 30 = 97

Der Einer wird größer,
der Zehner bleibt gleich.

Der Einer wird kleiner,
der Zehner bleibt gleich.

Der Zehner wird kleiner,
der Einer bleibt gleich.

Der Zehner wird größer,
der Einer bleibt gleich.

① Zeichne das Bild.
Rechne die Aufgabe.

a)

51 + 23 = ☐

b)

24 + 45 = ☐

c)

56 + 12 = ☐

d)

42 + 34 = ☐

e)

64 + 13 = ☐

f)

35 + 43 = ☐

② a) 24 + 13
_____
24 + 10 = ☐
34 + 3 = ☐

b) 63 + 26
_____
63 + 20 = ☐
83 + 6 = ☐

c) 41 + 38
_____
41 + 30 = ☐
71 + 8 = ☐

d) 67 + 32
_____
67 + 30 = ☐
☐ + 2 = ☐

e) 35 + 43
_____
35 + 40 = ☐
☐ + 3 = ☐

f) 54 + 34
_____
54 + 30 = ☐
☐ + 4 = ☐

g) 73 + 21
_____
73 + 20 = ☐
☐ + ☐ = ☐

h) 52 + 35
_____
52 + 30 = ☐
☐ + ☐ = ☐

i) 26 + 52
_____
26 + 50 = ☐
☐ + ☐ = ☐

j) 45 + 24
_____
☐ + ☐ = ☐
☐ + ☐ = ☐

k) 72 + 16
_____
☐ + ☐ = ☐
☐ + ☐ = ☐

l) 34 + 45
_____
☐ + ☐ = ☐
☐ + ☐ = ☐

▶ SB 37/38

③ a)

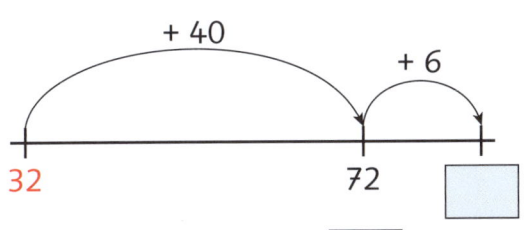

+ 40   + 6

32   72   ☐

32 + 46 = ☐

b)

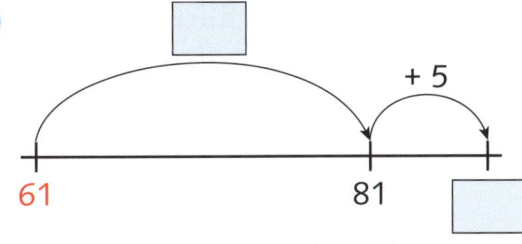

☐   + 5

61   81   ☐

61 + 25 = ☐

c)

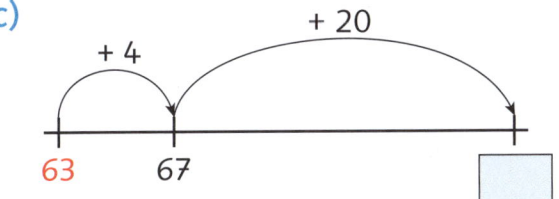

+ 4   + 20

63   67   ☐

63 + 24 = ☐

d)

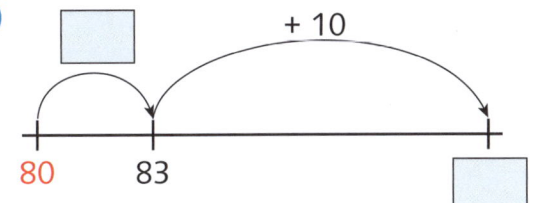

☐   + 10

80   83   ☐

80 + 13 = ☐

e)

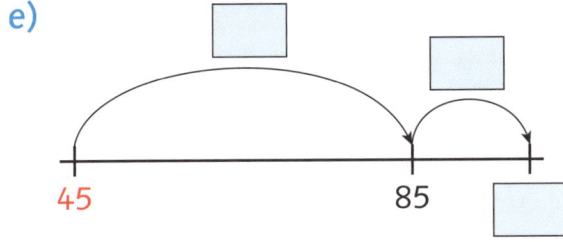

☐   ☐

45   85   ☐

45 + 42 = ☐

f)

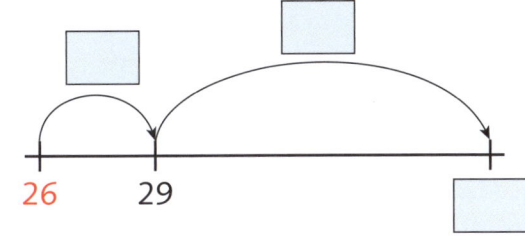

☐   ☐

26   29   ☐

26 + 53 = ☐

 Verbinde mit jedem Rechenweg einen passenden Satz.

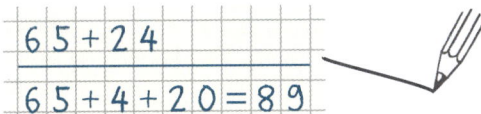

65 + 24
65 + 4 + 20 = 89

Zuerst die Zehner dazu, dann die Einer dazu.

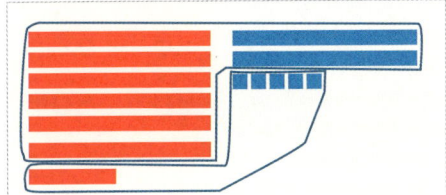

Zehner plus Zehner plus Einer plus Einer.

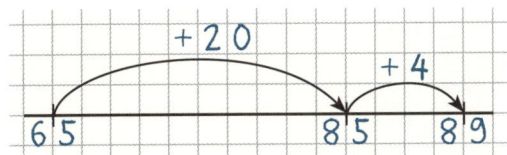

+ 20   + 4

65   85   89

Zuerst die Einer dazu, dann die Zehner dazu.

① Zeichne das Bild.
Rechne die Aufgabe.

a)
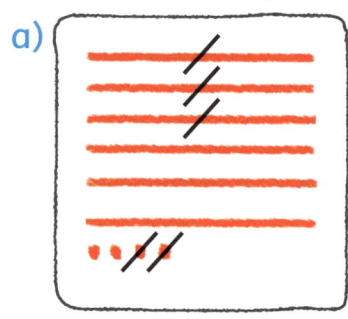
64 – 32 = ☐

b)
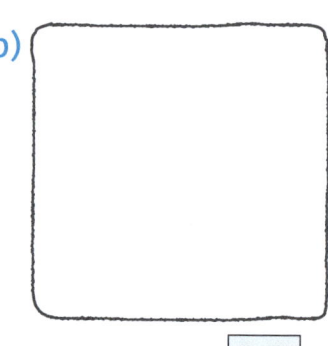
57 – 25 = ☐

c)

46 – 12 = ☐

d)
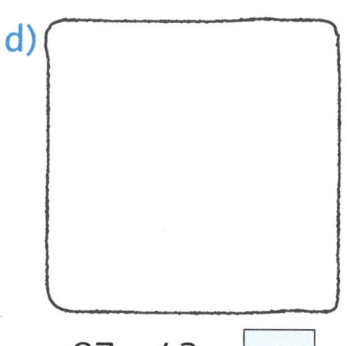
87 – 43 = ☐

e)
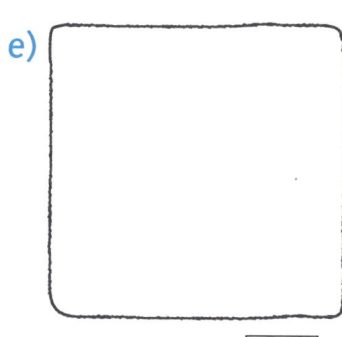
38 – 16 = ☐

f)
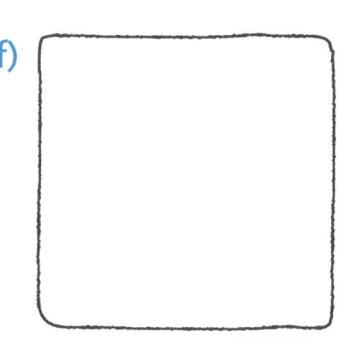
73 – 52 = ☐

② a) 75 – 43
75 – 40 = ☐
35 – 3 = ☐

b) 67 – 23
67 – 20 = ☐
47 – 3 = ☐

c) 48 – 16
48 – 10 = ☐
38 – 6 = ☐

d) 67 – 42
67 – 40 = ☐
☐ – 2 = ☐

e) 54 – 23
54 – 20 = ☐
☐ – 3 = ☐

f) 39 – 24
39 – 20 = ☐
☐ – 4 = ☐

g) 63 – 41
63 – 40 = ☐
☐ – ☐ = ☐

h) 89 – 35
89 – 30 = ☐
☐ – ☐ = ☐

i) 76 – 52
76 – 50 = ☐
☐ – ☐ = ☐

j) 54 – 23
☐ – ☐ = ☐
☐ – ☐ = ☐

k) 77 – 13
☐ – ☐ = ☐
☐ – ☐ = ☐

l) 40 – 25
☐ – ☐ = ☐
☐ – ☐ = ☐

▶ SB 38/39

③ a)

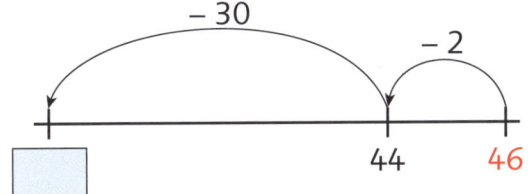

46 − 32 = ☐

b)

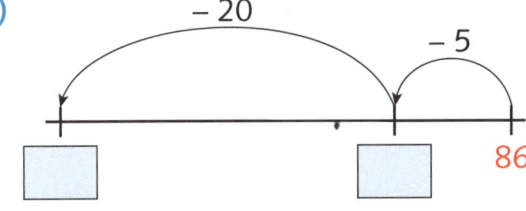

86 − 25 = ☐

c)

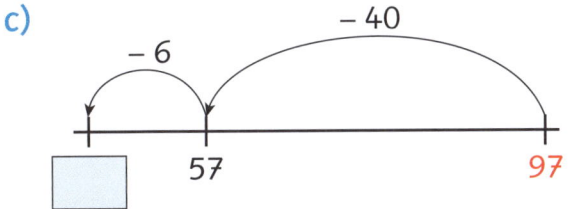

97 − 46 = ☐

d)

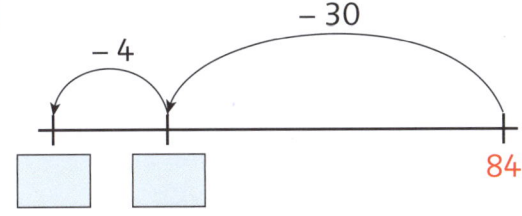

84 − 34 = ☐

e)

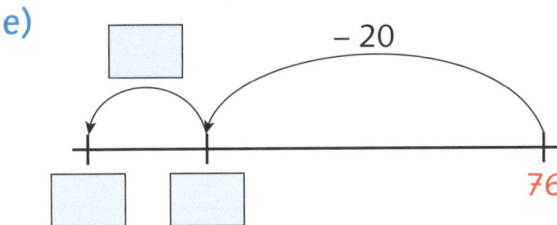

76 − 23 = ☐

f)

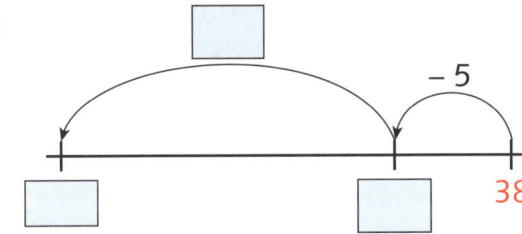

38 − 15 = ☐

④ Verbinde mit jedem Rechenweg einen passenden Satz.

65 − 24
65 − 20 − 4 = 41

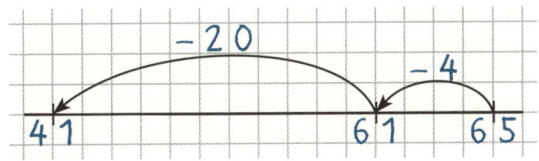

Zehner minus Zehner und Einer minus Einer.

Zuerst die Einer weg, dann die Zehner weg.

Zuerst die Zehner weg, dann die Einer weg.

▶ SB 38/39

 # Kombinatorik

①  Brot B    Toast T    Quark Q    Honig H

Die Kinder frühstücken in ihrer Klasse.
Sie wählen ein Brot und einen Belag.

a) Vermute. Wie viele Kombinationen gibt es? _____

b) Wie viele Kombinationen findest du?
Male oder schreibe.

 c) Vergleiche mit einem Partner.

d) Schreibe in die Tabelle.
Finde alle Kombinationen.

	Q	H
B	BQ	
T		

② Frau Koch bringt einen neuen Belag:

a) Vermute. Wie viele Kombinationen gibt es? _____

b) Wie viele Kombinationen findest du?
Male oder schreibe.

 c) Vergleiche mit einem Partner.

e) Schreibe in die Tabelle.
Finde alle Kombinationen.

	Q	H	K
B			
T			

▸ SB 42

③ Frau Koch bringt noch einen neuen Belag:

a) Vermute. Wie viele Kombinationen gibt es? _____

b) Wie viele Kombinationen findest du?
   Male oder schreibe.

c) Vergleiche mit
   einem Partner.

d) Schreibe in die
   Tabelle.
   Finde alle
   Kombinationen.

	Q	H	K	W
B				
T				

④ Denke dir einen weiteren Belag aus.

a) Vermute. Wie viele Kombinationen gibt es? _____

b) Schreibe eine Tabelle.

⑤ le

rei

lo

ben

sen

Kombiniere die Silben.
Welche Wörter entstehen?

_____

_____

⑥ Das Kofferschloss hat zwei Räder
mit den Ziffern von 0 bis 9.

a) Kombiniere die Zahlen. Welche Zahlen entstehen?

_____

_____

b) Wie viele sind es? _____

Daten und Häufigkeit

① Mache eine Umfrage in deiner Klasse.
Welche Lieblingstiere haben die Kinder?

Hund
Katze
Pferd
Löwe

ein anderes Tier

a) Zähle mit einer Strichliste.

Hund	
Katze	
Pferd	
Löwe	
ein anderes Tier	

b) Zeichne ein Diagramm.

Hund									
Katze									
Pferd									
Löwe									
ein anderes Tier									

② Welche Lieblingstiere haben die Kinder?

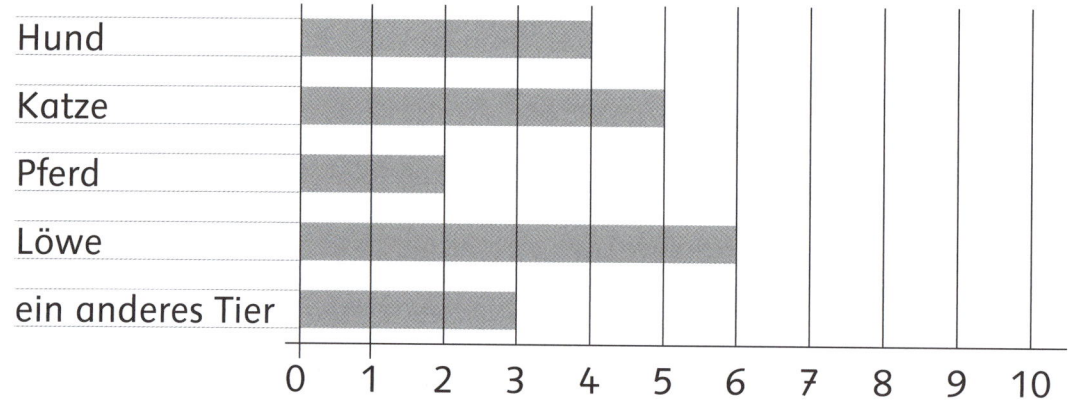

a) Wie viele Kinder mögen Hunde am liebsten? _____

b) Wie viele Kinder mögen Katzen am liebsten? _____

c) Wie viele Kinder mögen Pferde am liebsten? _____

d) Wie viele Kinder mögen Löwen am liebsten? _____

e) Wie viele Kinder mögen ein anderes Tier lieber? _____

f) Welches Tier mögen die meisten Kinder? _____

g) Welches Tier mögen die wenigsten Kinder? _____

▶ SB 44

3 Wie alt sind die Kinder?

Tabelle

Dilara	7 Jahre
Emira	8 Jahre
Matteo	7 Jahre
Milan	8 Jahre
Momo	8 Jahre
Natalia	9 Jahre
Umut	8 Jahre
Timo	8 Jahre

Strichliste

7 Jahre	II
8 Jahre	IIIII
9 Jahre	I

Diagramm

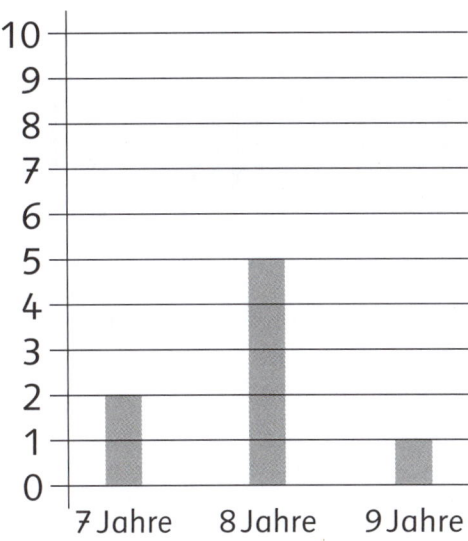

Wo hast du nachgesehen?

	in der Tabelle	in der Strichliste	im Diagramm
Wie viel Kinder sind 7 Jahre alt?			
Wie viel Kinder sind 8 Jahre alt?			
Wie alt ist Emira?			
Wie alt ist Matteo?			
Wie alt ist Natalia?			
Wie alt ist Frau Koch?			
Wie alt sind die wenigsten Kinder?			
Wie alt sind die meisten Kinder?			
Wer ist das älteste Kind?			
Sind mehr Kinder 7 Jahre alt oder 9 Jahre?			

Wahrscheinlichkeit

Finde passende Sätze mit sicher , möglich , unmöglich .

① a)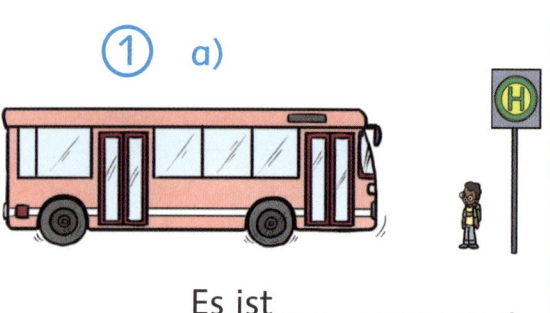

Es ist _____,
dass Timo mit dem
Bus fährt.

b)

Es ist _____,
dass Timo mit dem
Bus fährt.

c)

Es ist _____,
dass Timo mit dem
Bus fährt.

②

a) Es ist _____,
dass es regnet.

b) Es ist _____,
dass Natalia trocken bleibt.

c) Es ist _____,
dass Milan trocken bleibt.

③

a) Es ist _____,
dass Umut gewinnt.

b) Es ist _____,
dass Dilara gewinnt

c) Es ist _____,
dass Momo gewinnt.

④

a) Es ist _____,
dass sich Lisa freut.

b) Es ist _____,
dass das Geschenk ein Buch ist.

c) Es ist _____,
dass das Geschenk ein Ball ist.

► SB 46

1 Welcher Beutel passt? Ordne zu.

a, _____   _____   _____

a) Es ist möglich, dass du eine blaue Kugel ziehst.

b) Es ist möglich, dass du eine weiße Kugel ziehst.

c) Es ist unmöglich, dass du eine blaue Kugel ziehst.

d) Es ist unmöglich, dass du eine weiße Kugel ziehst.

e) Es ist sicher, dass du eine rote Kugel ziehst.

2 Zeichne passende Beutel mit 5 Kugeln.

      a) Es ist unmöglich ,

dass du eine rote Kugel ziehst.

      b) Es ist möglich ,

dass du eine rote Kugel ziehst.

      c) Es ist möglich ,

dass du eine blaue Kugel und eine weiße Kugel ziehst.

      d) Es ist sicher ,

dass du eine weiße Kugel ziehst.

① Lege die Aufgabe.
Zeichne das Bild. Rechne die Aufgabe.

a)
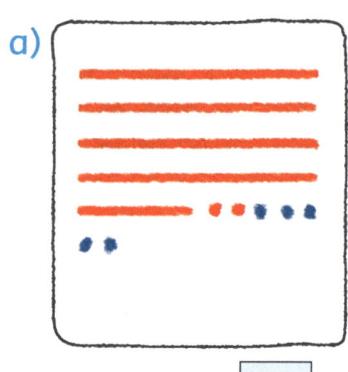

47 + 5 = ☐

b)
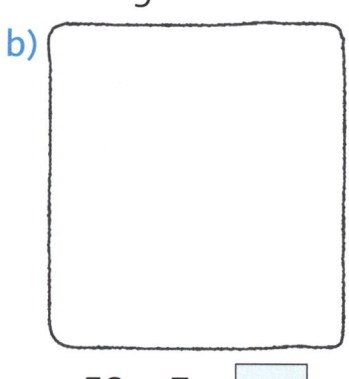

58 + 7 = ☐

c)

36 + 8 = ☐

d)

28 + 4 = ☐

e)

69 + 3 = ☐

f)

74 + 9 = ☐

---

② Schreibe die Aufgabe zum Bild.

a)

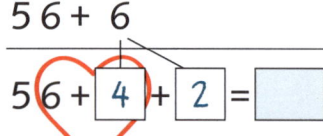

5 6 + 6

5 6 + 4 + 2 = ☐

b)
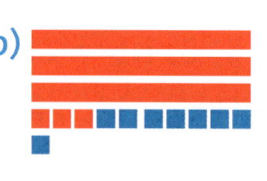

3 3 + ☐

3 3 + ☐ + ☐ = ☐

c)
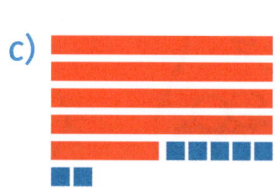

4 5 + ☐

4 5 + ☐ + ☐ = ☐

d)
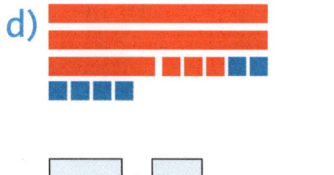

☐ + ☐

☐ + ☐ + ☐ = ☐

e)
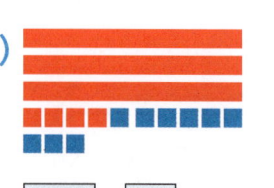

☐ + ☐

☐ + ☐ + ☐ = ☐

f)

☐ + ☐

☐ + ☐ + ☐ = ☐

► SB 51/52

③ **Rechne die Aufgaben mit dem Rechenstrich.**

a)
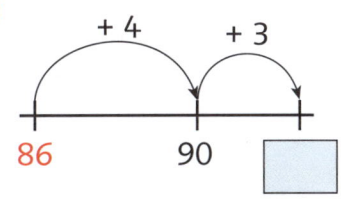

$86 + 7 = \boxed{}$

b)
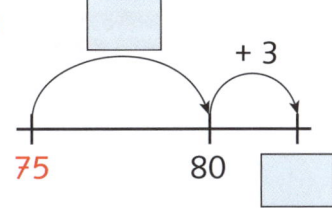

$75 + 8 = \boxed{}$

c)
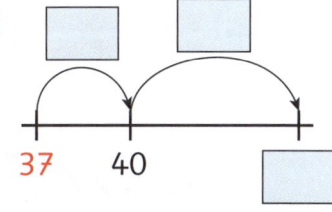

$37 + 8 = \boxed{}$

d)
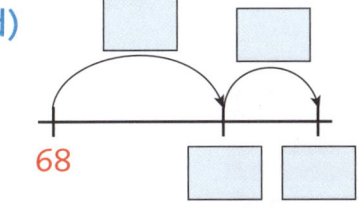

$68 + 3 = \boxed{}$

e)
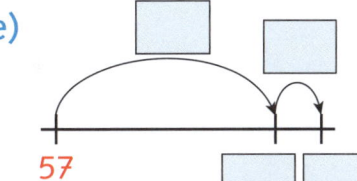

$57 + 4 = \boxed{}$

f)
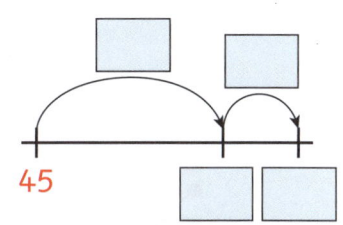

$45 + 6 = \boxed{}$

g)
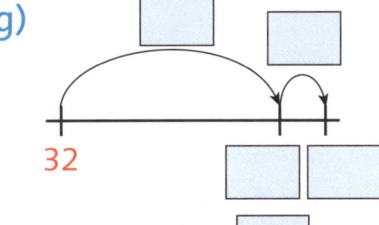

$32 + 9 = \boxed{}$

h)
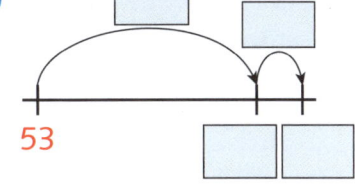

$53 + 8 = \boxed{}$

i)
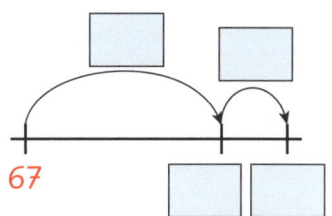

$67 + 5 = \boxed{}$

④ **Rechne zuerst die Einer.**
Rechne dann die Zehner dazu.

a) $64 + 7$
E $4 + 7 = \boxed{}$
+Z $11 + 60 = \boxed{}$

b) $45 + 8$
E $5 + 8 = \boxed{}$
+Z $13 + \boxed{} = \boxed{}$

c) $78 + 8$
E $8 + 8 = \boxed{}$
+Z $\boxed{} + \boxed{} = \boxed{}$

d) $69 + 9$
E $\boxed{} + \boxed{} = \boxed{}$
+Z $\boxed{} + \boxed{} = \boxed{}$

e) $45 + 8$
E $\boxed{} + \boxed{} = \boxed{}$
+Z $\boxed{} + \boxed{} = \boxed{}$

f) $56 + 8$
E $\boxed{} + \boxed{} = \boxed{}$
+Z $\boxed{} + \boxed{} = \boxed{}$

g) $37 + 6$
E $\boxed{} + \boxed{} = \boxed{}$
+Z $\boxed{} + \boxed{} = \boxed{}$

h) $54 + 9$
E $\boxed{} + \boxed{} = \boxed{}$
+Z $\boxed{} + \boxed{} = \boxed{}$

i) $26 + 7$
E $\boxed{} + \boxed{} = \boxed{}$
+Z $\boxed{} + \boxed{} = \boxed{}$

▶ SB 51/52

① Schreibe die Aufgabe zum Bild.

a)

$$66 - 7$$
$$66 - 6 - 1 = \boxed{}$$

b)

$$23 - \boxed{}$$
$$23 - \boxed{} - \boxed{} = \boxed{}$$

c)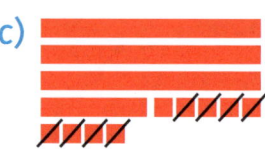

$$44 - \boxed{}$$
$$44 - \boxed{} - \boxed{} = \boxed{}$$

d)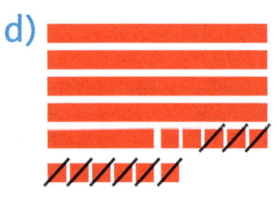

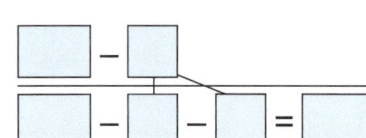

$$\boxed{} - \boxed{}$$
$$\boxed{} - \boxed{} - \boxed{} = \boxed{}$$

e)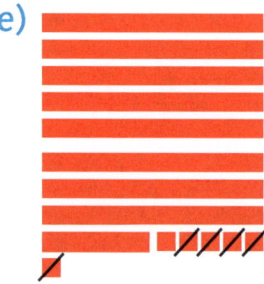

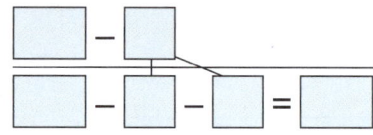

$$\boxed{} - \boxed{}$$
$$\boxed{} - \boxed{} - \boxed{} = \boxed{}$$

② Lege die Aufgabe.
Zeichne das Bild. Rechne die Aufgabe.

a)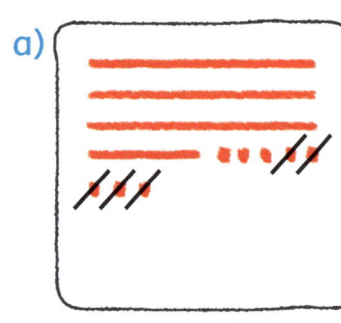

$$43 - 5 = \boxed{}$$

b)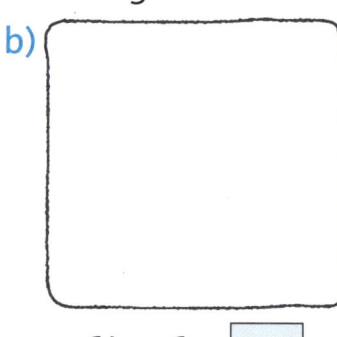

$$64 - 6 = \boxed{}$$

c)

$$25 - 8 = \boxed{}$$

d)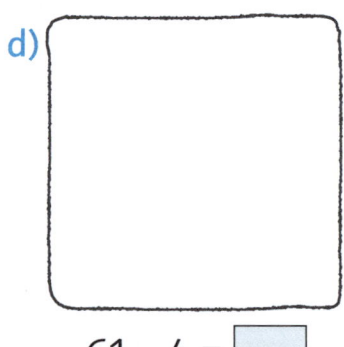

$$61 - 4 = \boxed{}$$

e)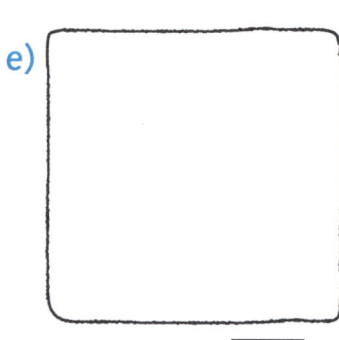

$$53 - 6 = \boxed{}$$

f)

$$72 - 9 = \boxed{}$$

▸ SB 54/55

3 Rechne die Aufgaben mit dem Rechenstrich.

a)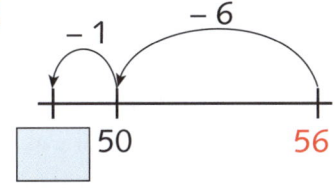

56 − 7 = ☐

b)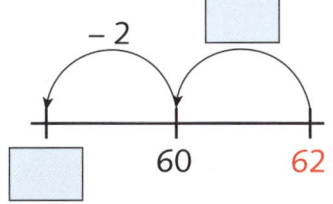

62 − 4 = ☐

c)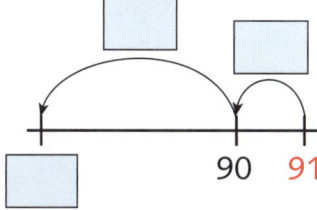

91 − 6 = ☐

d)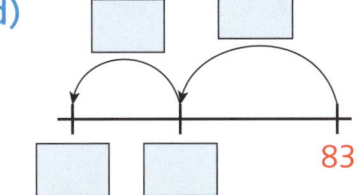

83 − 5 = ☐

e)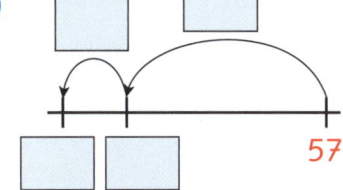

57 − 8 = ☐

f)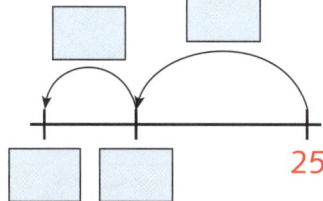

25 − 7 = ☐

g)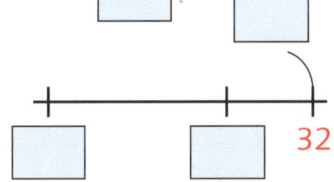

32 − 6 = ☐

h)

44 − 5 = ☐

i)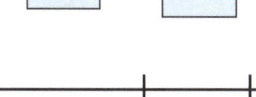

73 − 7 = ☐

4 Rechne zum kleinen Nachbarzehner zurück.
Zerlege die zweite Zahl.
Nimm vom Zehner weg.

a) 73 − 8

73 − 3 − 5 = ☐

b) 32 − 6

32 − ☐ − ☐ = ☐

c) 94 − 5

94 − ☐ − ☐ = ☐

d) 76 − 8

76 − ☐ − ☐ = ☐

e) 51 − 9

☐ − ☐ − ☐ = ☐

f) 42 − 8

☐ − ☐ − ☐ = ☐

① Ergänze zum großen Nachbarzehner.
Zerlege die zweite Zahl.

a) 4 7 + 14

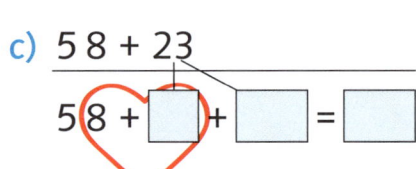

4 (7 + 3) + 11 = ☐

b) 6 5 + 26

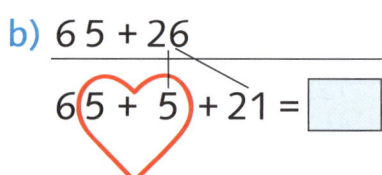

6 (5 + 5) + 21 = ☐

c) 5 8 + 23

5 8 + ☐ + ☐ = ☐

d) 3 4 + 38

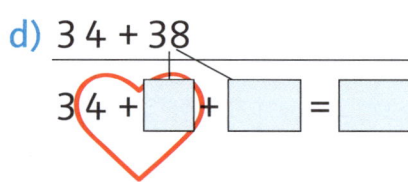

3 4 + ☐ + ☐ = ☐

e) 3 9 + 44

3 9 + ☐ + ☐ = ☐

f) 5 8 + 16

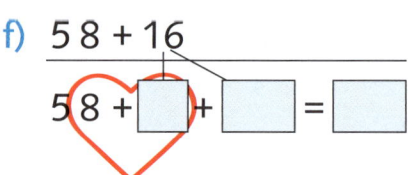

5 8 + ☐ + ☐ = ☐

② Einer plus Einer plus
Zehner plus Zehner.

a) 56 + 27

6 + 7 + 50 + 20 = ☐
☐   ☐

b) 45 + 38

5 + 8 + 40 + 30 = ☐
☐   ☐

c) 66 + 25

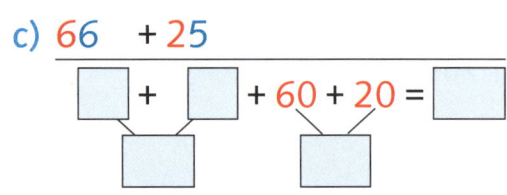

☐ + ☐ + 60 + 20 = ☐
☐   ☐

d) 37 + 18

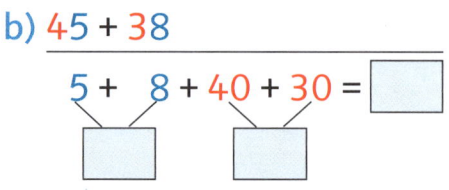

☐ + ☐ + ☐ + ☐ = ☐
☐   ☐

e) 48 + 48

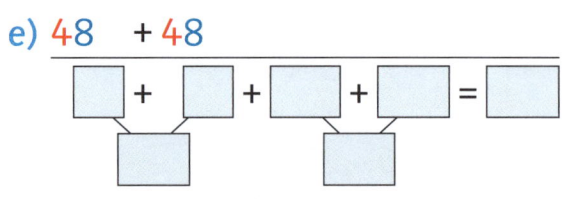

☐ + ☐ + ☐ + ☐ = ☐
☐   ☐

f) 36 + 56

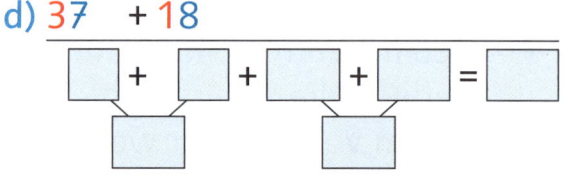

☐ + ☐ + ☐ + ☐ = ☐
☐   ☐

g) 61 + 32

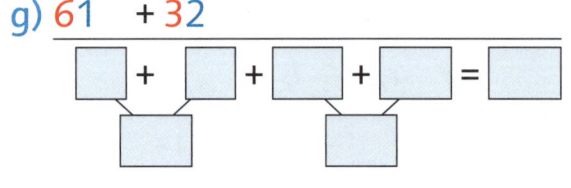

☐ + ☐ + ☐ + ☐ = ☐
☐   ☐

h) 13 + 57

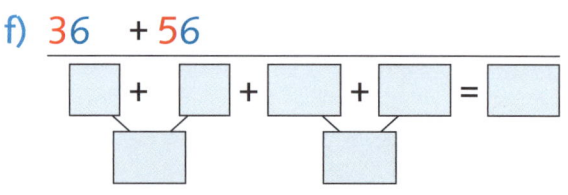

☐ + ☐ + ☐ + ☐ = ☐
☐   ☐

▶ SB 56/57

③ Zuerst die Zehner dazu,
dann die Einer dazu.

a) 38 + 25

  +Z 38 + 20 = ☐

  +E 58 + 5 = ☐

b) 55 + 38

  +Z 55 + 30 = ☐

  +E 85 + 8 = ☐

c) 68 + 26

  +Z 68 + 20 = ☐

  +E 88 + 6 = ☐

d) 77 + 17

  +Z ☐ + ☐ = ☐

  +E ☐ + ☐ = ☐

e) 46 + 37

  +Z ☐ + ☐ = ☐

  +E ☐ + ☐ = ☐

f) 24 + 28

  +Z ☐ + ☐ = ☐

  +E ☐ + ☐ = ☐

④ Nah am Zehner.

a)
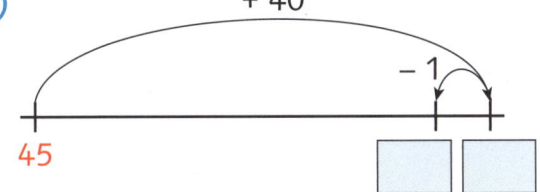

45 + 39 = ☐

b)
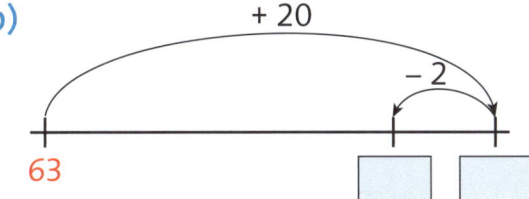

63 + 18 = ☐

c)
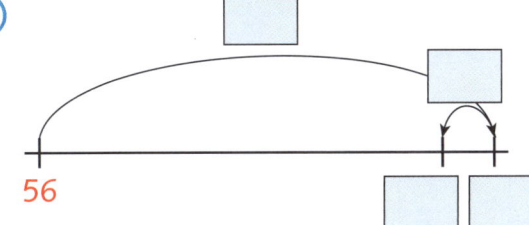

56 + 29 = ☐

d)
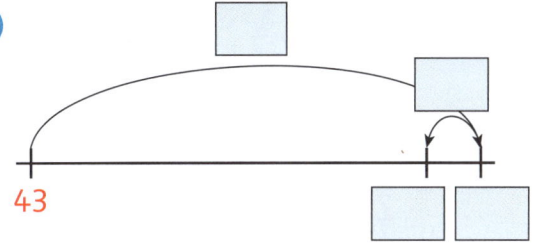

43 + 49 = ☐

e)
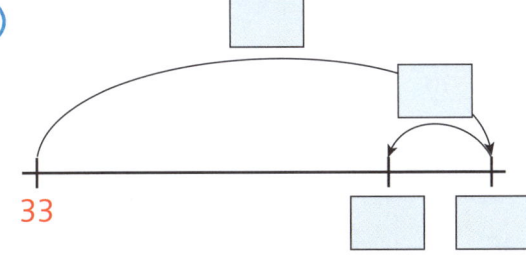

33 + 28 = ☐

f)
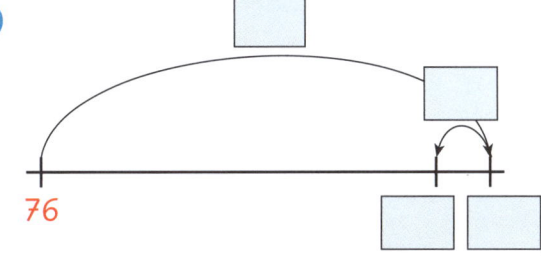

76 + 19 = ☐

▶ SB 56/57

Rechenwege für Minusaufgaben (ZE–ZE)

① Zum kleinen Nachbarzehner zurück.
Zerlege die zweite Zahl.
Nimm vom Zehner weg.

a) 64 – 36
64 – 4 – 32 = ☐

b) 75 – 46
75 – 5 – 41 = ☐

c) 33 – 15
33 – ☐ – ☐ = ☐

d) 55 – 37
55 – ☐ – ☐ = ☐

e) 77 – 18
77 – ☐ – ☐ = ☐

f) 81 – 63
81 – ☐ – ☐ = ☐

e) 93 – 77
93 – ☐ – ☐ = ☐

f) 41 – 33
41 – ☐ – ☐ = ☐

② Zuerst die Zehner weg,
dann die Einer weg.

a) 61 – 27
−Z 61 – 20 = ☐
−E 41 – 7 = ☐

b) 46 – 38
−Z 46 – 30 = ☐
−E 16 – 8 = ☐

c) 58 – 29
−Z 58 – 20 = ☐
−E 38 – 9 = ☐

d) 53 – 17
−Z ☐ – ☐ = ☐
−E ☐ – ☐ = ☐

e) 35 – 16
−Z ☐ – ☐ = ☐
−E ☐ – ☐ = ☐

f) 74 – 45
−Z ☐ – ☐ = ☐
−E ☐ – ☐ = ☐

g) 83 – 44
−Z ☐ – ☐ = ☐
−E ☐ – ☐ = ☐

h) 92 – 24
−Z ☐ – ☐ = ☐
−E ☐ – ☐ = ☐

i) 76 – 38
−Z ☐ – ☐ = ☐
−E ☐ – ☐ = ☐

j) 53 – 24
−Z ☐ – ☐ = ☐
−E ☐ – ☐ = ☐

k) 81 – 28
−Z ☐ – ☐ = ☐
−E ☐ – ☐ = ☐

l) 64 – 18
−Z ☐ – ☐ = ☐
−E ☐ – ☐ = ☐

▸ SB 58/59

3 Nah am Zehner.

a)
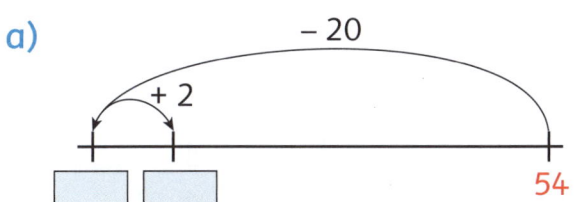

$54 - 18 = \boxed{}$

b)
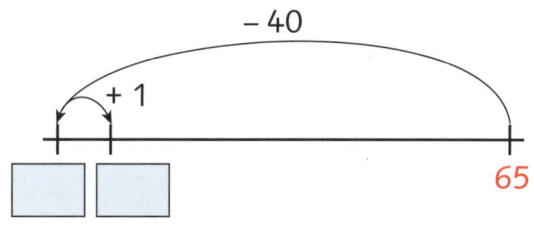

$65 - 39 = \boxed{}$

c)
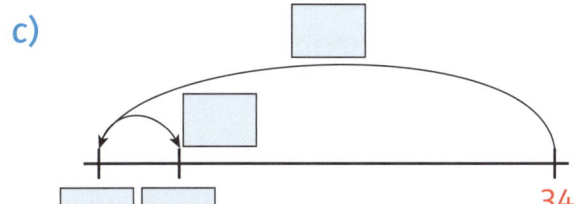

$34 - 19 = \boxed{}$

d)
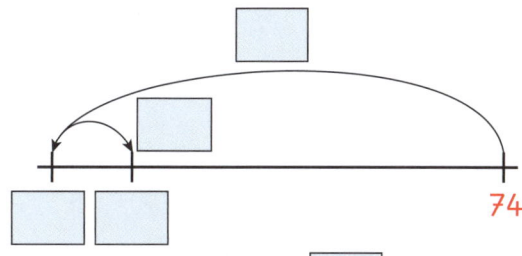

$74 - 49 = \boxed{}$

e)
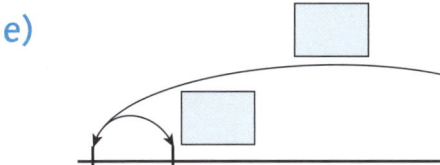

$45 - 28 = \boxed{}$

f)
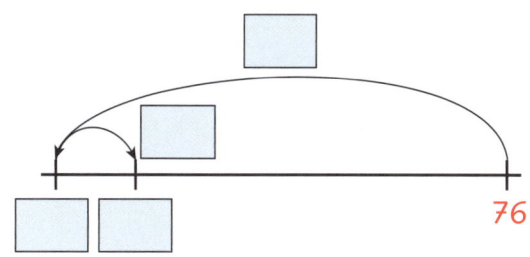

$76 - 38 = \boxed{}$

---

4 Ergänzen.

a) $53 - 48$
$48 + \boxed{} = 53$
$53 - 48 = \boxed{}$

b) $72 - 69$
$69 + \boxed{} = 72$
$72 - 69 = \boxed{}$

c) $41 - 37$
$37 + \boxed{} = 41$
$41 - 37 = \boxed{}$

d) $60 - 56$
$\boxed{} + \boxed{} = \boxed{}$
$\boxed{} - \boxed{} = \boxed{}$

e) $81 - 78$
$\boxed{} + \boxed{} = \boxed{}$
$\boxed{} - \boxed{} = \boxed{}$

f) $33 - 29$
$\boxed{} + \boxed{} = \boxed{}$
$\boxed{} - \boxed{} = \boxed{}$

g) $62 - 58$
$\boxed{} + \boxed{} = \boxed{}$
$\boxed{} - \boxed{} = \boxed{}$

h) $51 - 46$
$\boxed{} + \boxed{} = \boxed{}$
$\boxed{} - \boxed{} = \boxed{}$

i) $73 - 68$
$\boxed{} + \boxed{} = \boxed{}$
$\boxed{} - \boxed{} = \boxed{}$

► SB 58/59

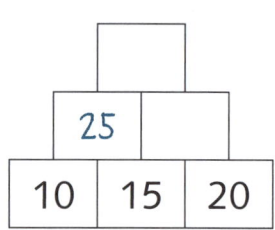

die Zielzahl ☐

die linke Basiszahl 10

die rechte Wegzahl ☐

die mittlere Basiszahl ☐

die rechte Basiszahl ☐

die linke Wegzahl ☐

 ①

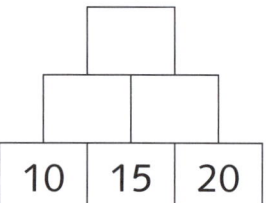 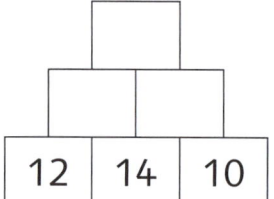 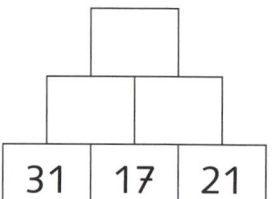

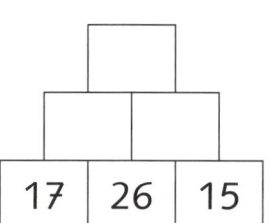 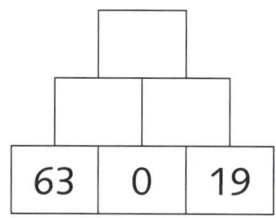 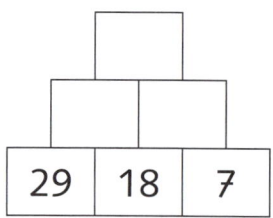

 ②

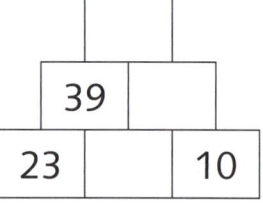 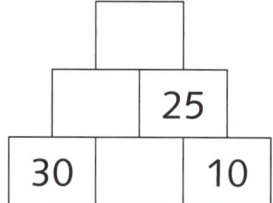 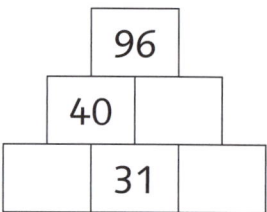

③

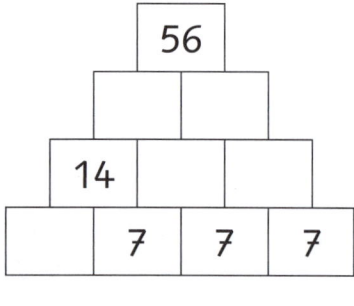 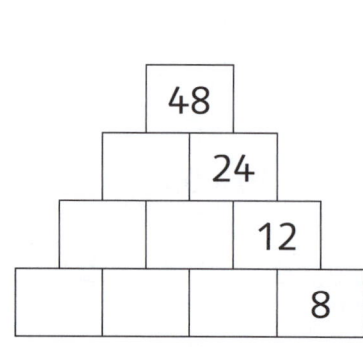 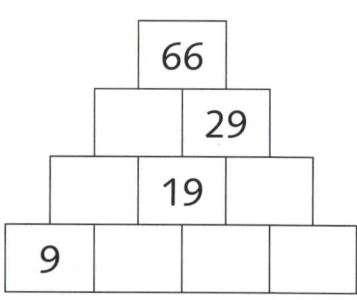

► SB 60

4 a)

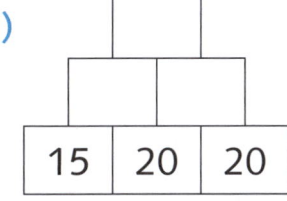
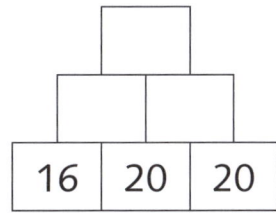
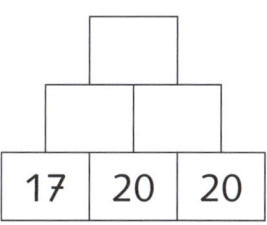

Wenn die linke Basiszahl um 1 größer wird,

dann wird die Zielzahl um _____ .

b)

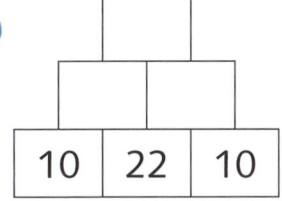
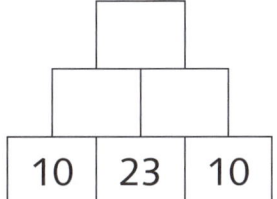
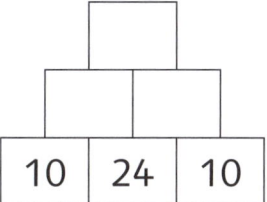

Wenn die mittlere Basiszahl um 1 größer wird,

dann wird die Zielzahl um _____ .

c) Was passiert, wenn die rechte Basiszahl um 1 größer wird?
   Begründe.

_____

_____

5

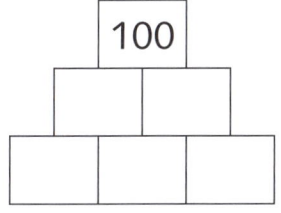
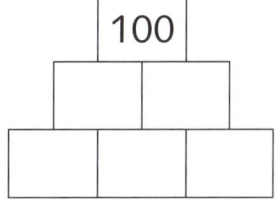
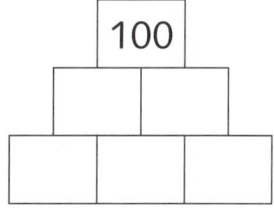

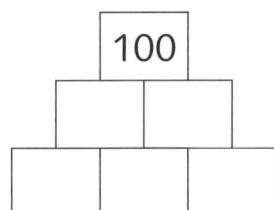
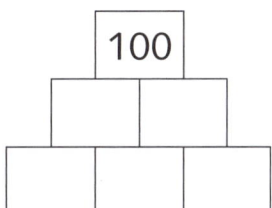
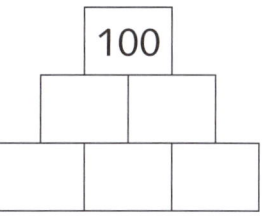

Beschreibe deinen Trick, wie du verschiedene Mauern
mit der Zielzahl 100 gefunden hast.

_____

_____

Fünflinge

1 Male gleiche Fünflinge mit der gleichen Farbe an.

2 Kreuze die richtigen Sätze an.

○ Ich kann 2 gleiche Fünflinge aufeinander legen.

○ Ich kann 2 gleiche Fünflinge drehen und aufeinander legen.

○ Ich kann 2 Fünflinge immer genau aufeinanderlegen.

○ Ich kann 2 gleich Fünflinge an einer Spiegelachse spiegeln.

44

► SB 64

3 Zeichne das Spiegelbild dazu.

a)  die Spiegelachse

b)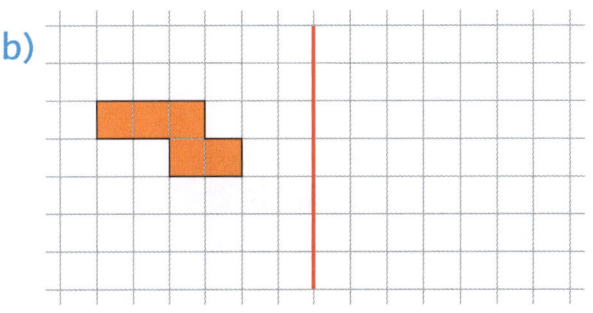

c)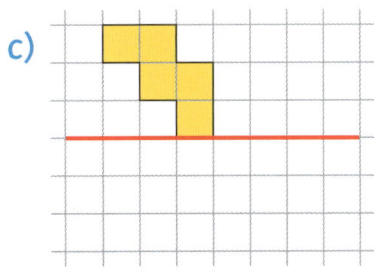

d)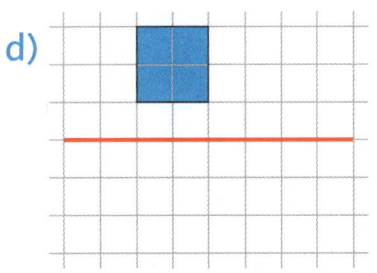

e)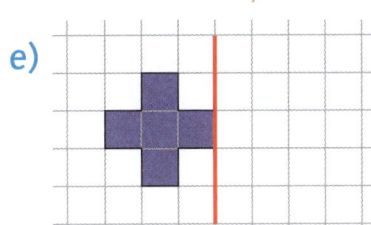

f)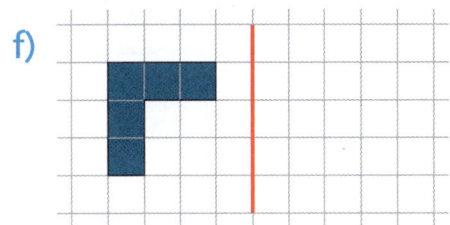

4 Lege mit zwei Fünflingen.
Zeichne die Lösung ein.
Finde verschiedene Lösungen.

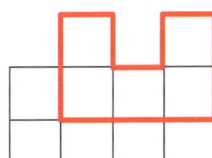
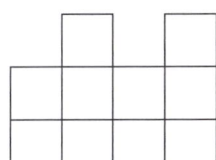

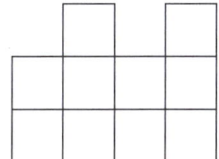

5 Lege die Figur mit drei Fünflingen.

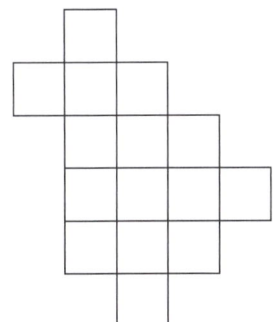
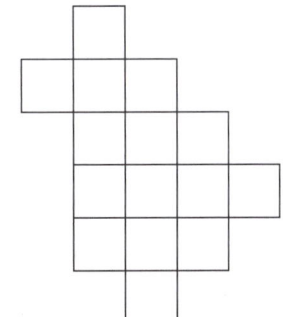
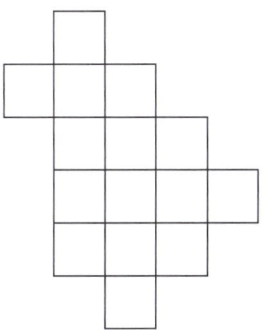

Geobrett

① Spanne die Form auf dem Geobrett. Zeichne.

a) ein Quadrat

b) ein Rechteck

c) ein Dreieck

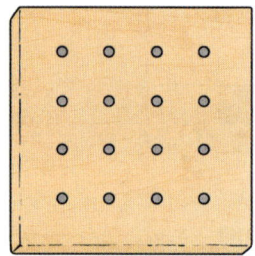
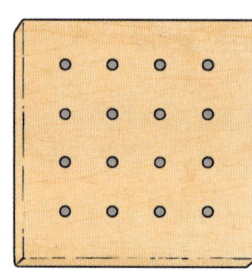
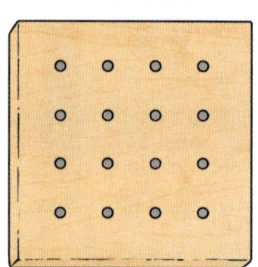

② Spanne diese Rechtecke auf dem Geobrett.
Wie viele Nägel umspannst du? Verbinde.

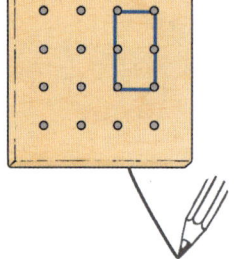
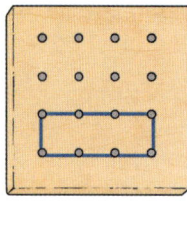
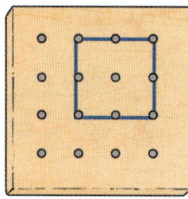
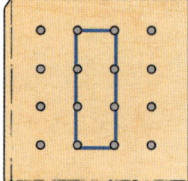
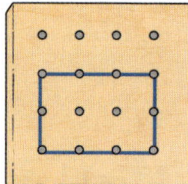

| 6 Nägel | 8 Nägel | 10 Nägel |

③ Spanne Quadrate auf dem Geobrett. Zeichne.

a) mit 4 Nägeln

b) mit 8 Nägeln

c) mit 12 Nägeln

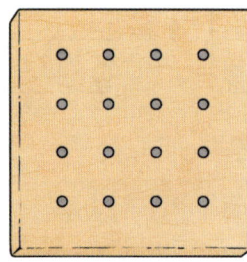
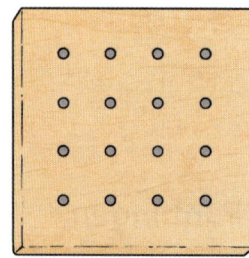
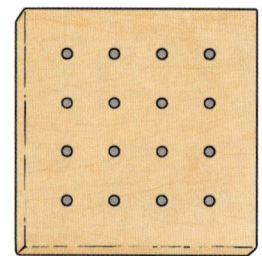

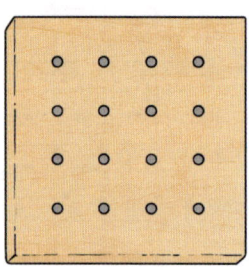
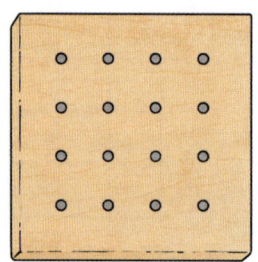
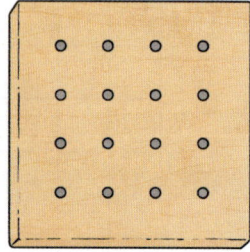

46

▶ SB 66

④ Spanne eine Figur und das Spiegelbild auf deinem Geobrett.
Zeichne auf.

a)

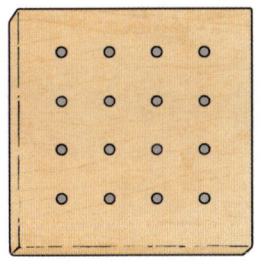 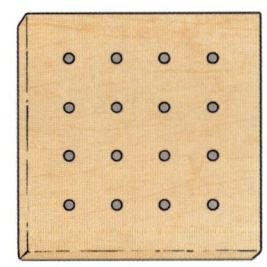

b)

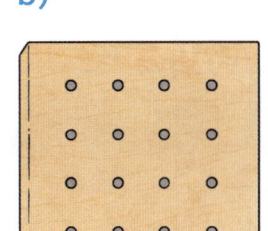 

⑤ Zeichne mögliche Spiegelachsen in die Figur.

a)

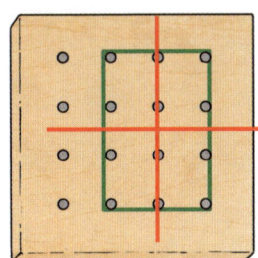

b)

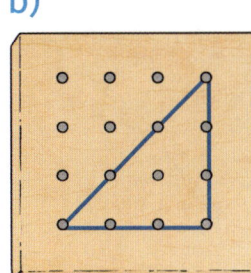

c)

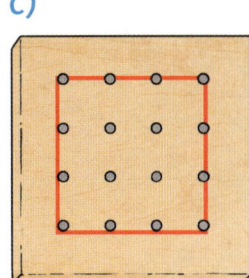

d)

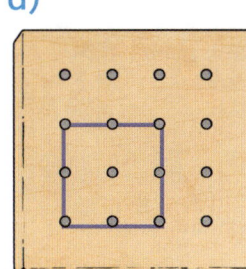

⑥ Wie geht es weiter?

a)

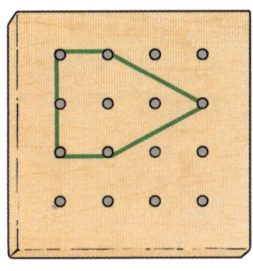 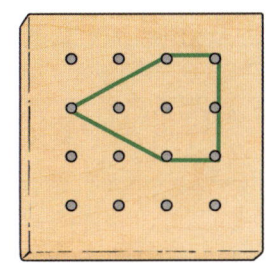 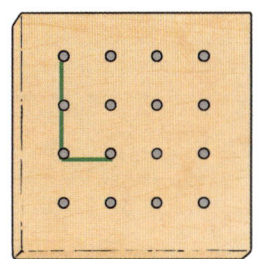 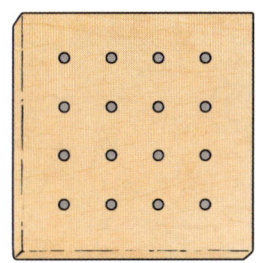

b)

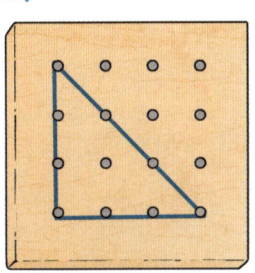 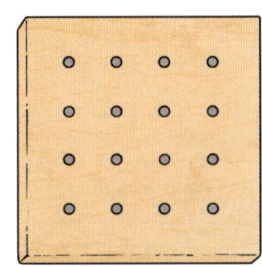 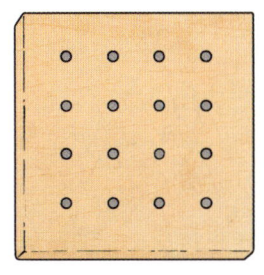 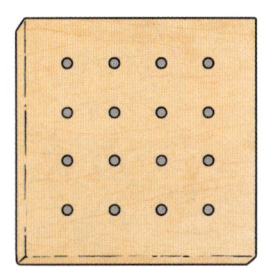

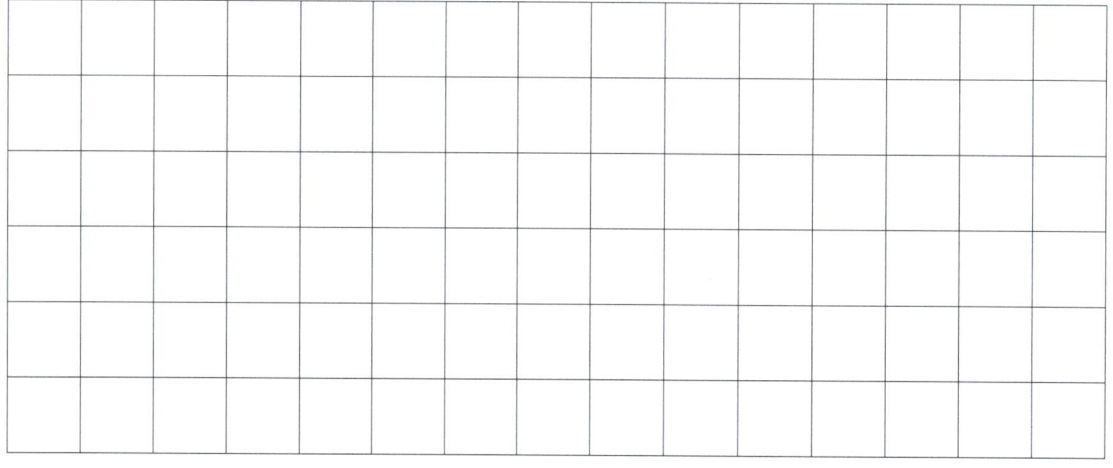

Muster

Male ein eigenes Muster.

①

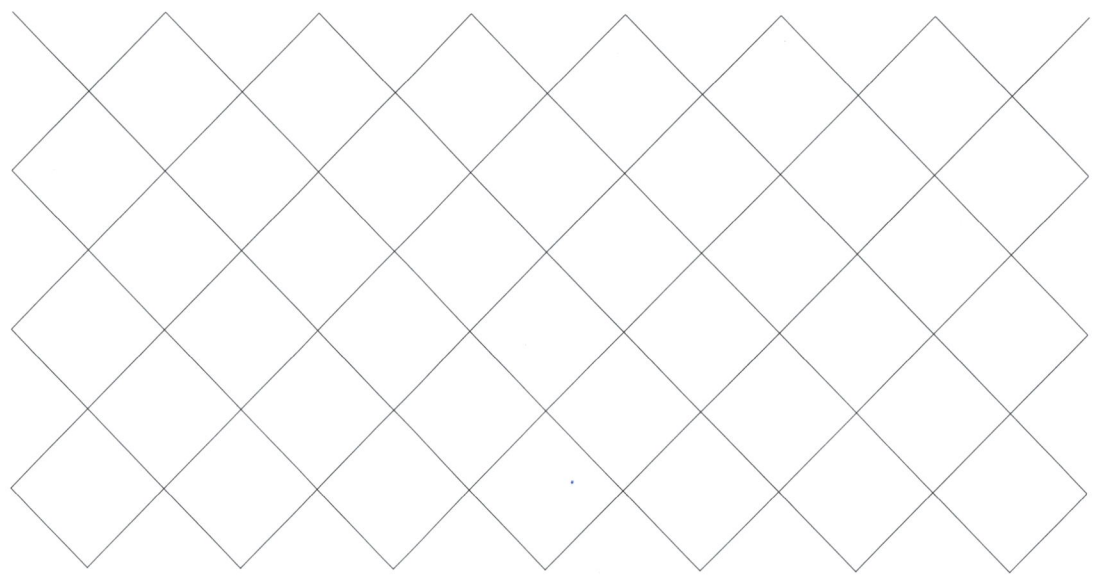

②

③

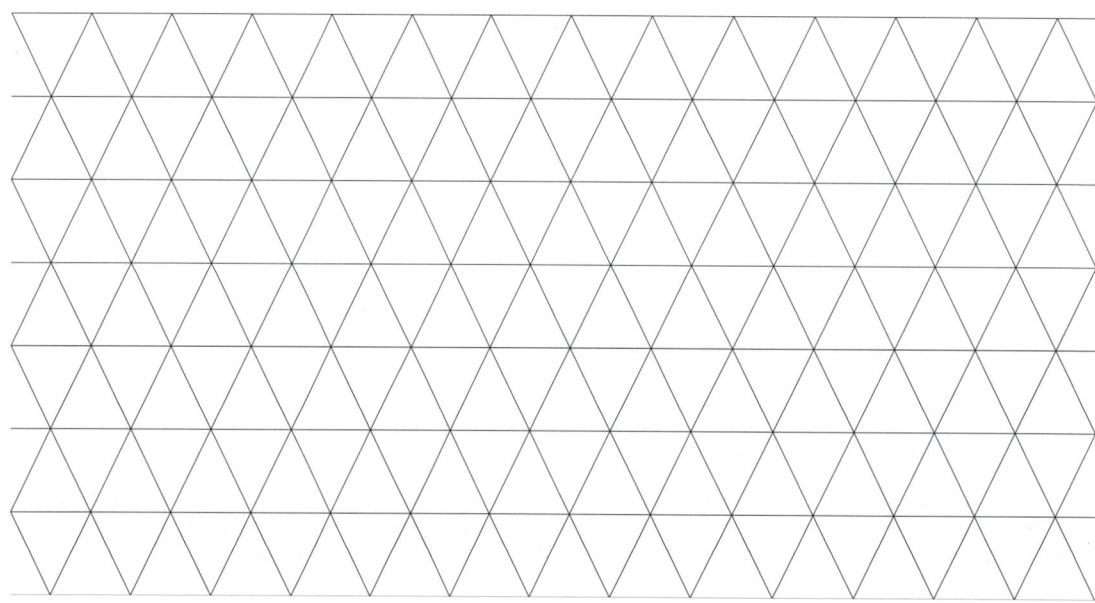

► SB 68

④ Kreuze die richtigen Sätze an.
Male das Muster weiter.

a)

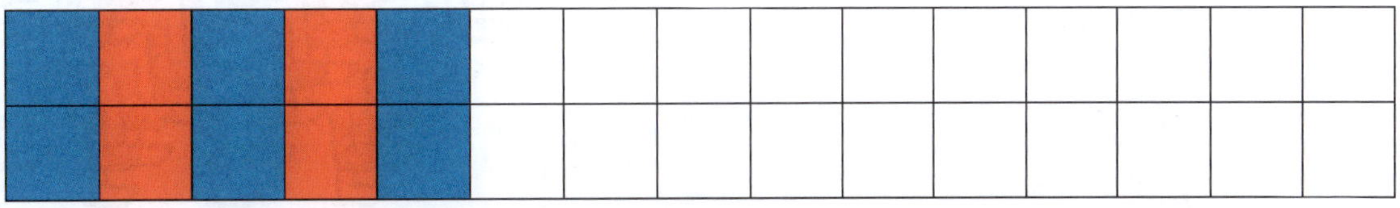

○ In einer Reihe sind immer abwechselnd
ein blaues und ein rotes Quadrat.

○ In einer Spalte sind immer
zwei blaue Quadrate.

○ Das Muster ist dreifarbig.

○ Das Muster ist zweifarbig.

b)

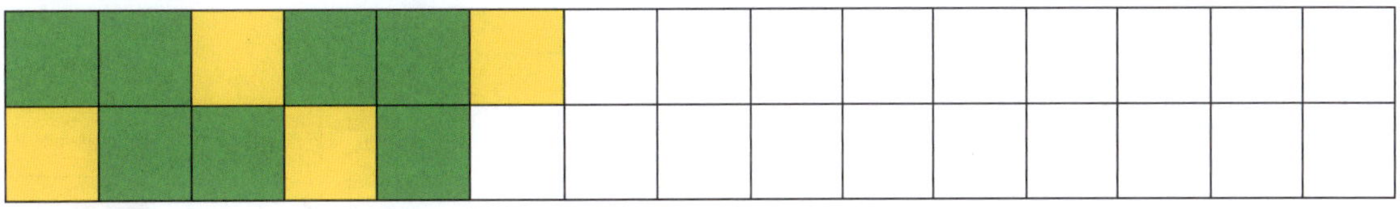

○ In einer Reihe ist immer ein gelbes
Quadrat und zwei grüne Quadrate.

○ In einer Reihe sind immer abwechselnd
ein gelbes und ein grünes Quadrat.

⑤ Male das Muster.

– Das Muster ist zweifarbig.

– In einer Reihe sind immer abwechselnd
ein grünes und ein rotes Quadrat.

– In einer Spalte sind immer ein grünes
und ein rotes Quadrat.

①

$4 + 4 + 4 =$ ☐

$3 \cdot 4 =$ ☐

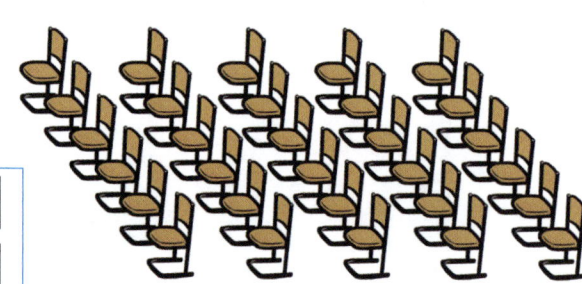

$5 + 5 =$ ☐

$2 \cdot 5 =$ ☐

$2 + 2 + 2 + 2 + 2 =$ ☐

$5 \cdot 2 =$ ☐

$6 + 6 + 6 + 6 + 6 =$ ☐

$5 \cdot 6 =$ ☐

②

$3 + 3 + 3 + 3 + 3 =$ ☐

$5 \cdot 3 =$ ☐

$4 + 4 =$ ☐

$2 \cdot 4 =$ ☐

$7 + 7 + 7 =$ ☐

$3 \cdot 7 =$ ☐

$5 + 5 + 5 + 5 + 5 =$ ☐

$5 \cdot 5 =$ ☐

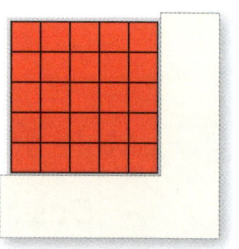

$6 + 6 + 6 + 6 + 6 + 6 =$ ☐

$6 \cdot 6 =$ ☐

$2 + 2 + 2 + 2 + 2 + 2 + 2 + 2 =$ ☐

$8 \cdot 2 =$ ☐

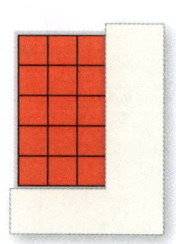

$8 + 8 + 8 + 8 =$ ☐

$4 \cdot 8 =$ ☐

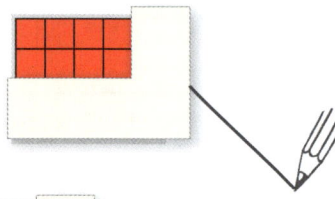
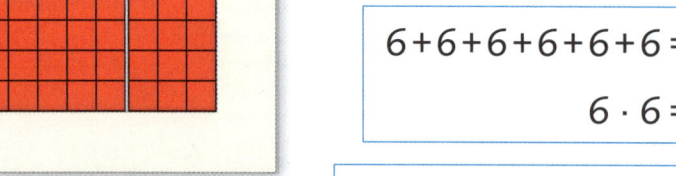

50

▶ SB 74

③ a) $4 + 4 + 4 + 4 + 4 = \boxed{}$

          $5 \cdot 4 = \boxed{}$

b) $5 + 5 + 5 + 5 = \boxed{}$

    $\boxed{} \cdot \boxed{} = \boxed{}$

c) $2 + 2 + 2 + 2 + 2 = \boxed{}$

    $\boxed{} \cdot \boxed{} = \boxed{}$

d) $7 + 7 + 7 = \boxed{}$

    $\boxed{} \cdot \boxed{} = \boxed{}$

e) $8 + 8 + 8 + 8 = \boxed{}$

    $\boxed{} \cdot \boxed{} = \boxed{}$

f) $1 + 1 + 1 + 1 + 1 + 1 = \boxed{}$

    $\boxed{} \cdot \boxed{} = \boxed{}$

g) $9 + 9 = \boxed{}$

    $\boxed{} \cdot \boxed{} = \boxed{}$

h) $6 + 6 + 6 + 6 + 6 = \boxed{}$

    $\boxed{} \cdot \boxed{} = \boxed{}$

i) $3 + 3 + 3 + 3 + 3 + 3 = \boxed{}$

    $\boxed{} \cdot \boxed{} = \boxed{}$

j) $10 + 10 = \boxed{}$

    $\boxed{} \cdot \boxed{} = \boxed{}$

---

④ Finde zu den Bildern Plusaufgaben und passende Malaufgaben.
Färbe sie im Bild und schreibe sie in derselben Farbe auf.

_____   _____   _____   _____

Malaufgaben zeichnen

① a) 2 · 5 = ☐ b) 3 · 5 = ☐ c) 4 · 3 = ☐ d) 5 · 2 = ☐

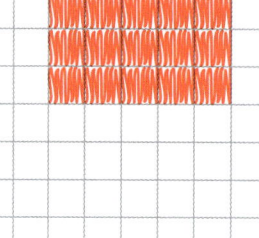

e) 2 · 3 = ☐ f) 5 · 3 = ☐ g) 4 · 2 = ☐ h) 3 · 4 = ☐

i) 5 · 6 = ☐ j) 4 · 4 = ☐ k) 3 · 7 = ☐ l) 2 · 2 = ☐

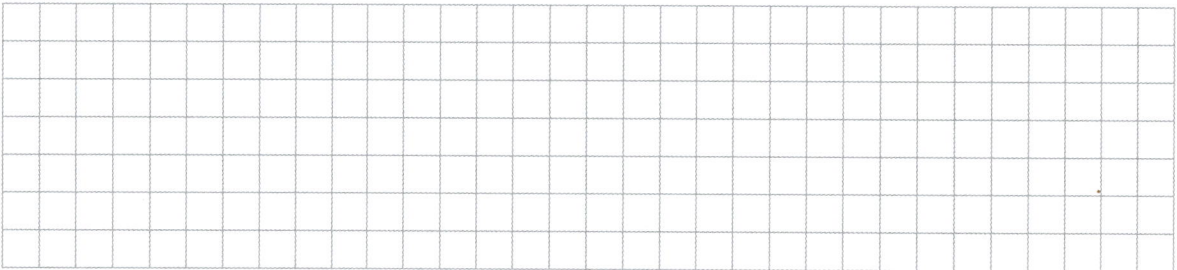

m) 3 · 6 = ☐ n) 4 · 5 = ☐ o) 5 · 7 = ☐ p) 6 · 2 = ☐

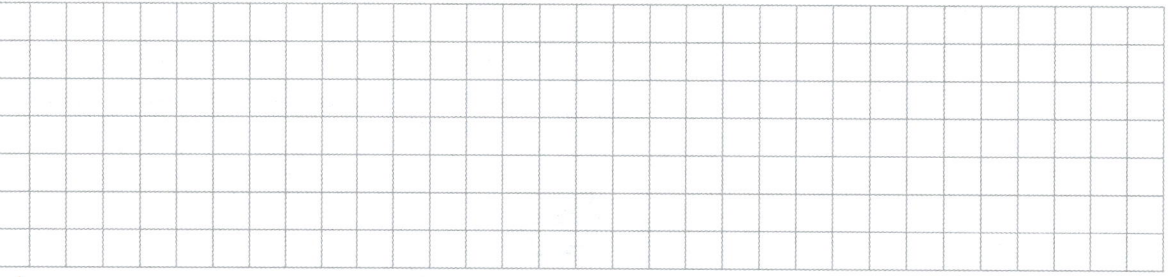

q) 2 · 8 = ☐ r) 3 · 3 = ☐ s) 4 · 1 = ☐ t) 5 · 4 = ☐

► SB 75

① Schreibe die Aufgabe und die Tauschaufgabe.

a)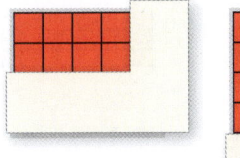

_____

_____

b)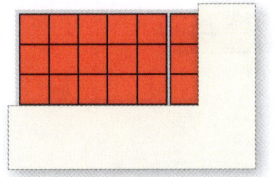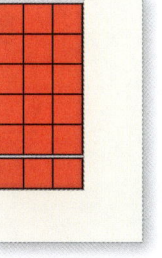

_____

_____

② Zeichne die Tauschaufgabe.
Schreibe die Aufgabe und die Tauschaufgabe.

a)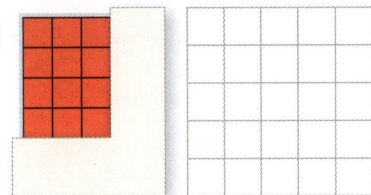

_____

_____

b)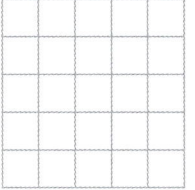

_____

_____

③ Zeichne und schreibe die Quadrataufgabe.

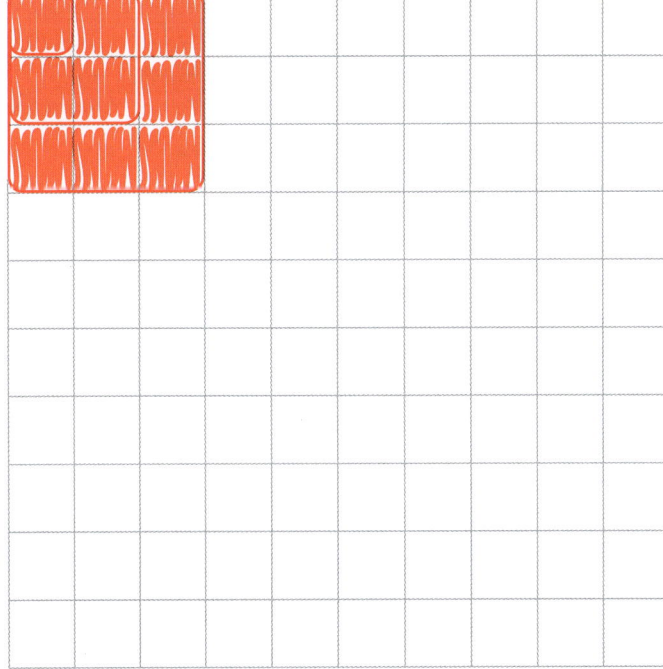

$1 \cdot 1 =$ ☐

$2 \cdot 2 =$ ☐

$3 \cdot 3 = 9$

☐ $\cdot$ ☐ $= 16$

☐ $\cdot$ ☐ $= 25$

☐ $\cdot$ ☐ $=$ ☐

☐ $\cdot$ ☐ $=$ ☐

☐ $\cdot$ ☐ $=$ ☐

☐ $\cdot$ ☐ $=$ ☐

$10 \cdot 10 =$ ☐

1 Schreibe die Malaufgaben.

a)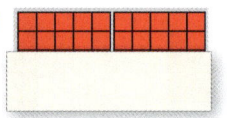

☐ · ☐ = ☐

b)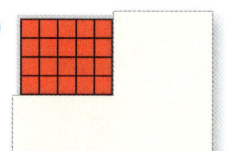

☐ · ☐ = ☐

c)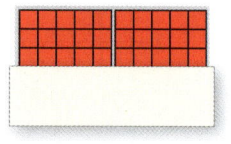

☐ · ☐ = ☐

d)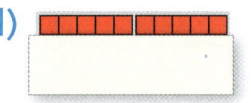

☐ · ☐ = ☐

e)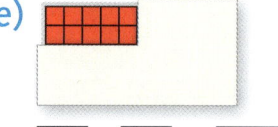

☐ · ☐ = ☐

f)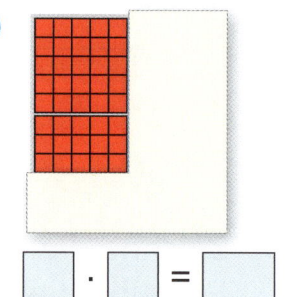

☐ · ☐ = ☐

2 Verbinde so, dass Malaufgaben entstehen.
Schreibe die Aufgabe auf.

a)
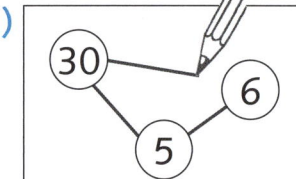
30   5   60   6
6
5   25   5   10

6 · 5 = 30
☐ · ☐ = ☐
☐ · ☐ = ☐

b)
15   5   5   10   4
3   45   9   40

☐ · ☐ = ☐
☐ · ☐ = ☐
☐ · ☐ = ☐

c)
10   5   7   5
1   10   35   10   50

☐ · ☐ = ☐
☐ · ☐ = ☐
☐ · ☐ = ☐

d)
2   10   6   60   70
20   10   7   10

☐ · ☐ = ☐
☐ · ☐ = ☐
☐ · ☐ = ☐

► SB 78/79

Merkaufgaben

① Rechne die Merkaufgaben.

a) **·1**

1	1
2	2
5	5
10	10

b) **·2**

1	
2	
5	
10	

c) **·3**

1	
2	
3	
5	
10	

d) **·4**

1	
2	
4	
5	
10	

e) **·5**

1	
2	
5	
10	

f) **·6**

1	
2	
5	
6	
10	

g) **·7**

1	
2	
5	
7	
10	

h) **·8**

1	
2	
5	
8	
10	

i) **·9**

1	
2	
5	
9	
10	

j) **·10**

1	
2	
5	
10	

② Kennzeichne die Ergebnisse der Malaufgaben in der Hundertertafel:

Quadrataufgaben ☐

Malaufgaben mit 2

Malaufgaben mit 5

Malaufgaben mit 10 ◯

1	2	3	4	5	6	7	8	9	10
11	12	13	14	15	16	17	18	19	20
21	22	23	24	25	26	27	28	29	30
31	32	33	34	35	36	37	38	39	40
41	42	43	44	45	46	47	48	49	50
51	52	53	54	55	56	57	58	59	60
61	62	63	64	65	66	67	68	69	70
71	72	73	74	75	76	77	78	79	80
81	82	83	84	85	86	87	88	89	90
91	92	93	94	95	96	97	98	99	100

Zweier-, Vierer- und Achter-Reihe

1 Rechne die Malaufgaben.

·		2		4	5	6		8	9	
2	2						14			
4			12							40
8										

2 Schreibe die Ergebniszahlen auf.

2er-Reihe

| 2 | 4 | 6 | 8 | | | | 20 | | | | | | | | | |

4er-Reihe

| | 4 | | 8 | | | | | | | | | | | | | | | | 40 |

8er-Reihe

| | | | 8 | | | | 16 | | | | | | | | | | | | 40 |

3 Male Aufgabe und Ergebniszahl in der gleichen Farbe an.

40   3 · 2   6 · 4   24   4 · 8   48

7 · 8   24   0   56   5 · 2   32

9 · 8

8   16   8 · 3   8 · 2   10   5 · 8

0 · 8   72   6   8 · 6   2 · 4

4 Male Aufgaben mit der gleichen Ergebniszahl gleich an.

5 · 4   4 · 4   2 · 8   5 · 8   3 · 4   3 · 8

6 · 4   6 · 2   4 · 8   10 · 2   8 · 4   10 · 4

▶ SB 85

① Rechne die Malaufgaben.

·		2		4	5	6		8	9	
3	3						21			
6			18							60
9										

---

② Schreibe die Ergebniszahlen auf.

3er-Reihe

| 3 | 6 | 9 | 12 | 15 | | | 30 | | | | | | | | | |

6er-Reihe

| | 6 | | 12 | | | | | | | | | | | | | | |

9er-Reihe

| | | 9 | | | | 27 | | | | | | | | | | | |

---

③ Male Aufgabe und Ergebniszahl in der gleichen Farbe an.

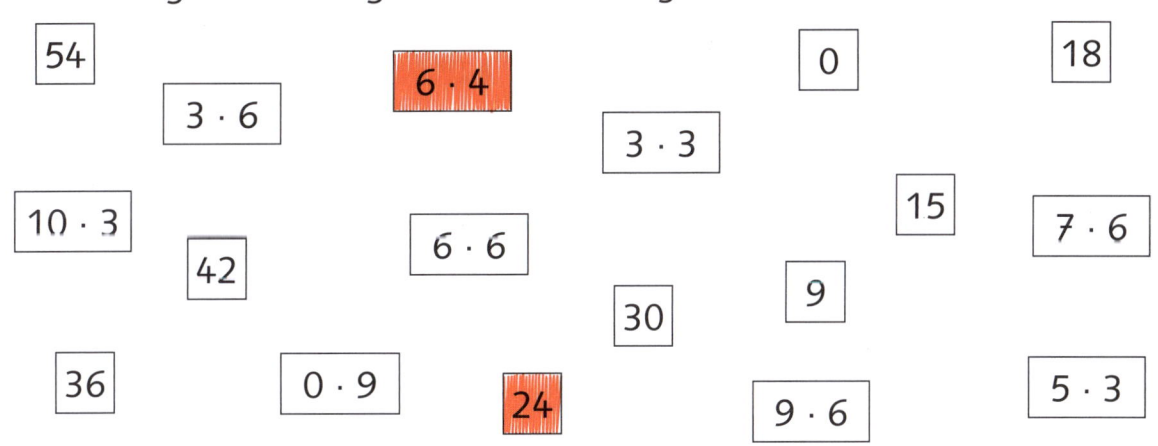

54   6 · 4   0   18

3 · 6   3 · 3

10 · 3   6 · 6   15   7 · 6

42   30   9

36   0 · 9   24   9 · 6   5 · 3

---

④ Male Aufgaben mit der gleichen Ergebniszahl gleich an.

3 · 9   6 · 5   2 · 9   6 · 6   6 · 8   1 · 9

8 · 6   4 · 9   3 · 3   9 · 3   3 · 10   3 · 6

① Rechne die Malaufgaben.

a)

·7	
3	21
10	
4	
5	

b)

·7	
1	
6	
2	
7	

c)

·7	
5	
9	
0	
8	

d)

·7	
	70
	42
	21
	35

e)

·7	
	28
	49
	63
	56

② Male Aufgabe und Ergebniszahl in der gleichen Farbe an.

| 56 | 14 | 5 · 9 | 4 · 7 | 45 | 21 | 36 |

| 8 · 9 | 7 · 2 | 3 · 7 | 28 | 72 | 8 · 7 | 4 · 9 |

③ Male das Kästchen mit der richtigen Ergebniszahl aus.

a) 2 · 7 = | 14 | 7 | 21 |

5 · 7 = | 30 | 35 | 42 |

7 · 7 = | 42 | 56 | 49 |

4 · 7 = | 21 | 28 | 35 |

9 · 7 = | 63 | 70 | 56 |

b) 1 · 7 = | 14 | 21 | 7 |

3 · 7 = | 14 | 21 | 28 |

6 · 7 = | 42 | 49 | 56 |

8 · 7 = | 63 | 56 | 49 |

10 · 7 = | 56 | 63 | 70 |

④ Rechne die Aufgabe.
Male die Tauschaufgabe mit derselben Farbe an.

3 · 7 = ☐	7 · 3 = ☐	10 · 7 = ☐	1 · 7 = ☐
7 · 10 = ☐	8 · 7 = ☐	7 · 7 = ☐	2 · 7 = ☐
9 · 7 = ☐	7 · 4 = ☐	7 · 8 = ☐	7 · 1 = ☐
7 · 5 = ☐	7 · 6 = ☐	6 · 7 = ☐	7 · 7 = ☐
4 · 7 = ☐	7 · 2 = ☐	7 · 9 = ☐	5 · 7 = ☐

► SB 88

① Rechne die Malaufgabe.

5 · 1 = ☐   5 · 2 = ☐   5 · 3 = ☐   5 · 4 = ☐   5 · 5 = ☐
10 · 1 = ☐   10 · 2 = ☐   10 · 3 = ☐   10 · 4 = ☐   10 · 5 = ☐

5 · 6 = ☐   5 · 7 = ☐   5 · 8 = ☐   5 · 9 = ☐   5 · 10 = ☐
10 · 6 = ☐   10 · 7 = ☐   10 · 8 = ☐   10 · 9 = ☐   10 · 10 = ☐

② Rechne die Malaufgabe.

1 · 1 = ☐   1 · 2 = ☐   1 · 3 = ☐   1 · 4 = ☐   1 · 5 = ☐
2 · 1 = ☐   2 · 2 = ☐   2 · 3 = ☐   2 · 4 = ☐   2 · 5 = ☐
4 · 1 = ☐   4 · 2 = ☐   4 · 3 = ☐   4 · 4 = ☐   4 · 5 = ☐
8 · 1 = ☐   8 · 2 = ☐   8 · 3 = ☐   8 · 4 = ☐   8 · 5 = ☐

1 · 6 = ☐   1 · 7 = ☐   1 · 8 = ☐   1 · 9 = ☐   1 · 10 = ☐
2 · 6 = ☐   2 · 7 = ☐   2 · 8 = ☐   2 · 9 = ☐   2 · 10 = ☐
4 · 6 = ☐   4 · 7 = ☐   4 · 8 = ☐   4 · 9 = ☐   4 · 10 = ☐
8 · 6 = ☐   8 · 7 = ☐   8 · 8 = ☐   8 · 9 = ☐   8 · 10 = ☐

③ Rechne die Malaufgabe.

3 · 1 = ☐   3 · 2 = ☐   3 · 3 = ☐   3 · 4 = ☐   3 · 5 = ☐
6 · 1 = ☐   6 · 2 = ☐   6 · 3 = ☐   6 · 4 = ☐   6 · 5 = ☐

3 · 6 = ☐   3 · 7 = ☐   3 · 8 = ☐   3 · 9 = ☐   3 · 10 = ☐
6 · 6 = ☐   6 · 7 = ☐   6 · 8 = ☐   6 · 9 = ☐   6 · 10 = ☐

④ Setze fort.

a) 0   2   4

b) 0   3   6

Verwandte Malaufgaben üben (2)

① Rechne die Malaufgabe.

1 · 5 = ☐	2 · 5 = ☐	3 · 5 = ☐	4 · 5 = ☐	5 · 5 = ☐
1 · 10 = ☐	2 · 10 = ☐	3 · 10 = ☐	4 · 10 = ☐	5 · 10 = ☐

6 · 5 = ☐	7 · 5 = ☐	8 · 5 = ☐	9 · 5 = ☐	10 · 5 = ☐
6 · 10 = ☐	7 · 10 = ☐	8 · 10 = ☐	9 · 10 = ☐	10 · 10 = ☐

② Rechne die Malaufgabe.

1 · 1 = ☐	2 · 1 = ☐	3 · 1 = ☐	4 · 1 = ☐	5 · 1 = ☐
1 · 2 = ☐	2 · 2 = ☐	3 · 2 = ☐	4 · 2 = ☐	5 · 2 = ☐
1 · 4 = ☐	2 · 4 = ☐	3 · 4 = ☐	4 · 4 = ☐	5 · 4 = ☐
1 · 8 = ☐	2 · 8 = ☐	3 · 8 = ☐	4 · 8 = ☐	5 · 8 = ☐

6 · 1 = ☐	7 · 1 = ☐	8 · 1 = ☐	9 · 1 = ☐	10 · 1 = ☐
6 · 2 = ☐	7 · 2 = ☐	8 · 2 = ☐	9 · 2 = ☐	10 · 2 = ☐
6 · 4 = ☐	7 · 4 = ☐	8 · 4 = ☐	9 · 4 = ☐	10 · 4 = ☐
6 · 8 = ☐	7 · 8 = ☐	8 · 8 = ☐	9 · 8 = ☐	10 · 8 = ☐

③ Rechne die Malaufgabe.

1 · 3 = ☐	2 · 3 = ☐	3 · 3 = ☐	4 · 3 = ☐	5 · 3 = ☐
1 · 6 = ☐	2 · 6 = ☐	3 · 6 = ☐	4 · 6 = ☐	5 · 6 = ☐

6 · 3 = ☐	7 · 3 = ☐	8 · 3 = ☐	9 · 3 = ☐	10 · 3 = ☐
6 · 6 = ☐	7 · 6 = ☐	8 · 6 = ☐	9 · 6 = ☐	10 · 6 = ☐

④ Setze fort.

a) 0   6   12

b) 0   7   ☐   21   28

► SB 90/91

① Rechne als Malaufgaben.

a)

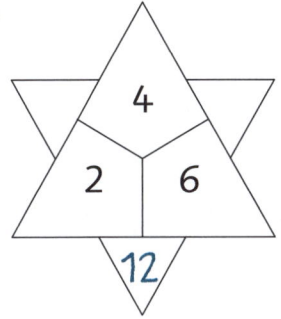

b)

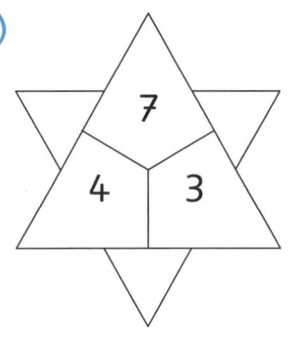

c)

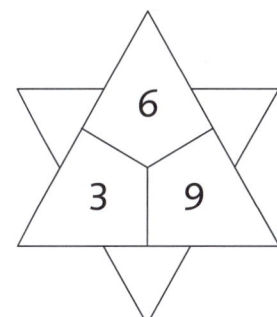

d)

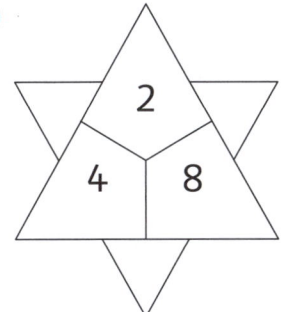

e)

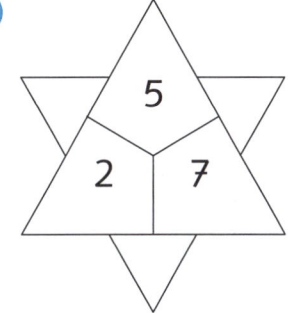

f)

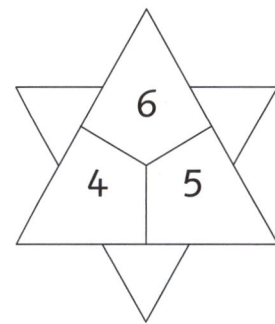

g)

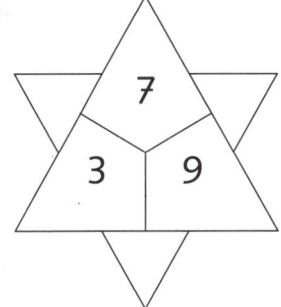

h)

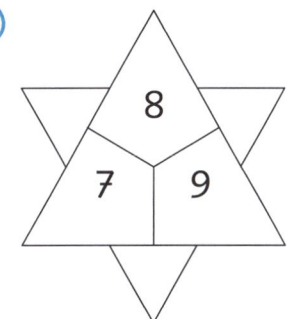

i)

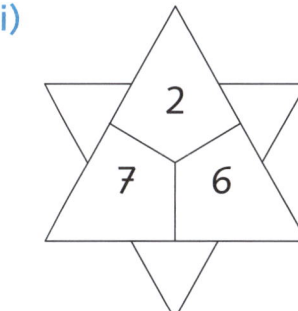

j)

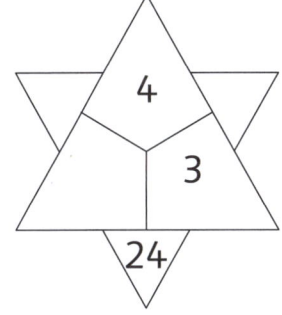

k)

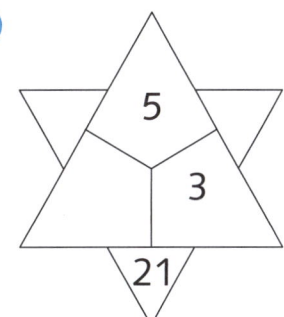

l)

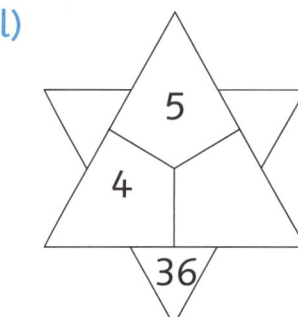

m)

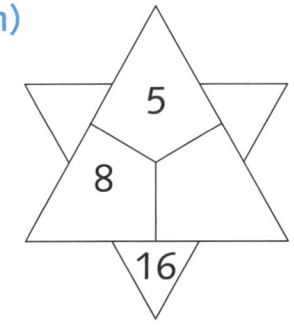

n)

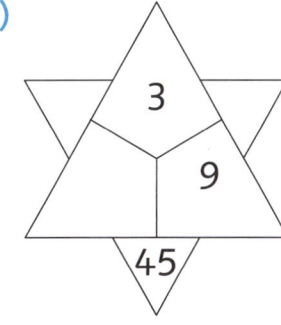

o)

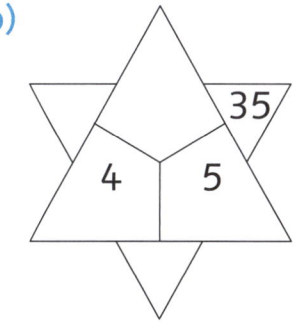

1 Rechne die Malaufgaben.

a)
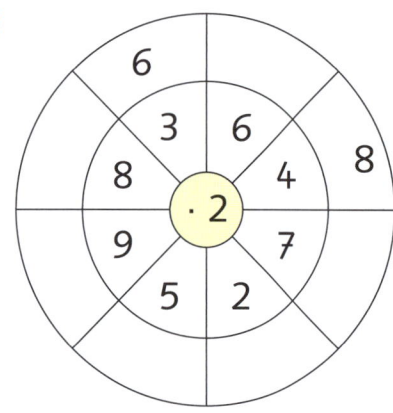

b)
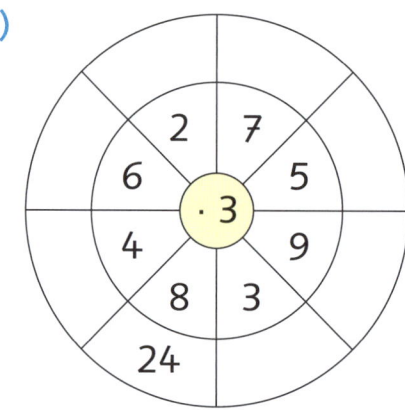

c)
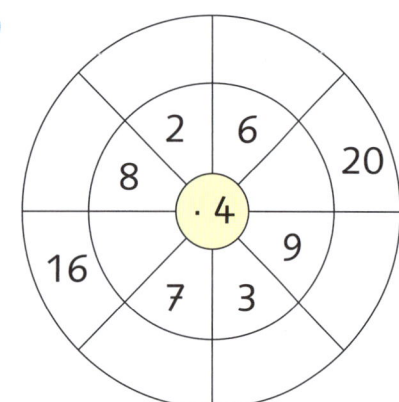

d)
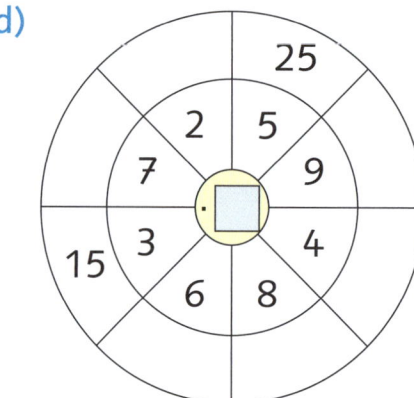

e)
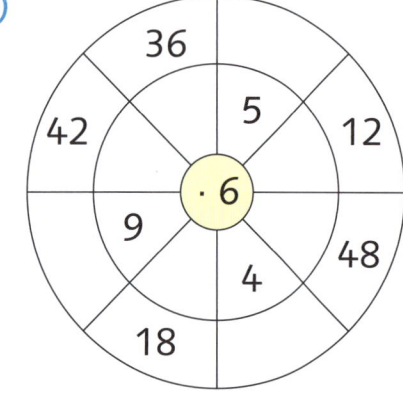

f)
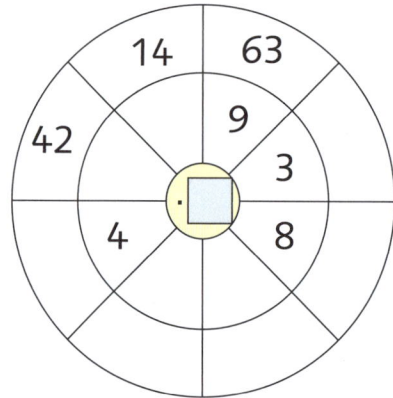

g)
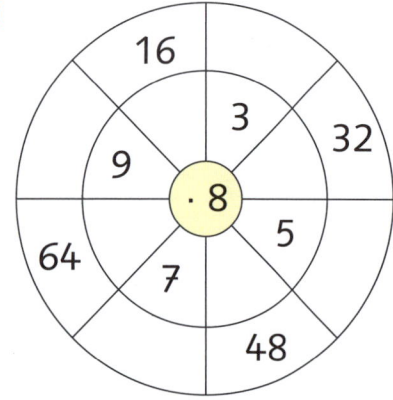

h)
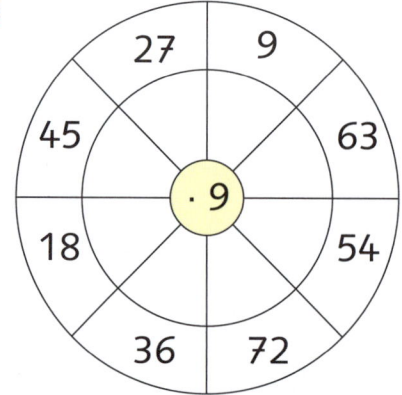

► SB 90/91

① Streiche falsche Ergebniszahlen durch.
Ergänze fehlende Ergebniszahlen.

a) Zweier-Reihe

0   2
         18   8
~~15~~   6   13
                      14
    10

b) Fünfer-Reihe

23   30   5
         0
                      35
    51   40
                      15

c) Quadratzahlen

22   9   81

36   16   43

d) Zehner-Reihe

0   40
              55
                            75
45   60   80

---

② Rechne die Aufgabe.

a) $6 \cdot 7 =$ ☐
$9 \cdot 3 =$ ☐
$3 \cdot 4 =$ ☐
$2 \cdot 6 =$ ☐

b) $0 \cdot 7 =$ ☐
$4 \cdot 2 =$ ☐
$6 \cdot 3 =$ ☐
$5 \cdot 9 =$ ☐

c) $7 \cdot 6 =$ ☐
$3 \cdot 5 =$ ☐
$5 \cdot 4 =$ ☐
$1 \cdot 8 =$ ☐

d) $3 \cdot 8 =$ ☐
$0 \cdot 4 =$ ☐
$7 \cdot 3 =$ ☐
$10 \cdot 4 =$ ☐

---

③ Löse die Geheimschrift.

12	15	18	20	21	24	28	30	42	56	63	81
S	E	A	U	D	N	T	K	M	I	G	L

$7 \cdot 3$	$5 \cdot 4$		$6 \cdot 5$	$2 \cdot 9$	$8 \cdot 3$	$6 \cdot 4$	$2 \cdot 6$	$7 \cdot 4$		$3 \cdot 7$	$3 \cdot 6$	$6 \cdot 2$

$3 \cdot 5$	$7 \cdot 8$	$3 \cdot 8$	$7 \cdot 6$	$6 \cdot 3$	$9 \cdot 9$	$5 \cdot 3$	$8 \cdot 7$	$2 \cdot 12$	$4 \cdot 3$

$9 \cdot 7$	$2 \cdot 10$	$4 \cdot 7$

① Wie viele Cent sind es?

a)  ☐

b)  ☐

c)  ☐

d)  ☐

d)  ☐

e)  ☐

② Lege mit Rechengeld. Zeichne die Lösung.

a) 23 ct

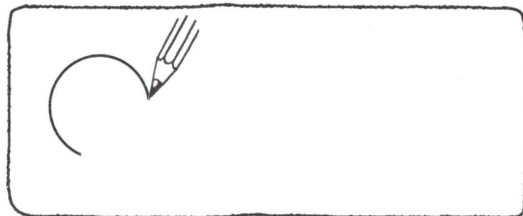

b) 51 ct

③ Wie viele Euro sind es?

a)  ☐

b)  ☐

c)  ☐

d)  ☐

e)  ☐

f)  ☐

④ Lege mit Rechengeld. Zeichne die Lösung.

a) 25 €

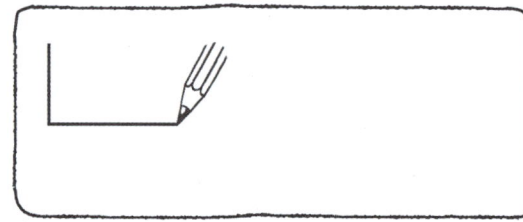

b) 42 €

▶SB 94

5 Lege immer 40 ct. Zeichne die Lösung.

a) Nimm nur 20 ct-Münzen.

b) Nimm nur 10 ct-Münzen.

c) Nimm nur 5 ct-Münzen.

d) Finde eine weitere Möglichkeit.

---

6 Lege immer 40 €. Zeichne die Lösung.

a) Nimm nur 20 €-Scheine.

b) Nimm nur 10 €-Scheine.

c) Nimm nur 5 €-Scheine.

d) Finde eine weitere Möglichkeit.

---

7 Lege mit möglichst wenig Scheinen und Münzen. Zeichne die Lösung.

a) 52 €

b) 25 €

c) 41 €

d) 14 €

① Lege mit Rechengeld. Schreibe in die Tabelle.

	Euro	,	Cent
a) 21,45 €	20€ 1€		10ct 10ct 10ct 10ct 5ct
b) 4,95 €			
c) 34,50 €			
d) 8,00 €			
e)			

② Finde den Preis.

	Euro	,	Cent		Preis
a)					
b)					
c)					
d)					
e)					
f)					

66

▶ SB 96

③ ct oder €?

a)
Tisch-
tennisschläger
12 ☐

b)
Banane
40 ☐

c)
Filzstift
4 ☐

d)
Jogurt
39 ☐

e)
Schokoriegel
29 ☐

f)
Hose
12 ☐

g)
Sportbeutel
17 ☐

h)
CD
9 ☐

④

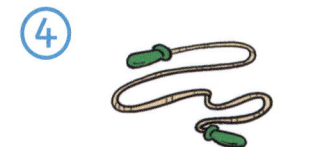
Springseil

Puppe

Ball

Nudeln

Brötchen

Kaugummi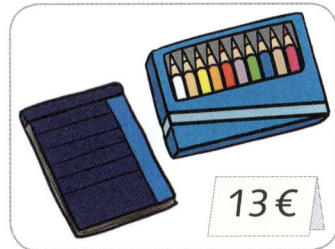

Kleid

Trikot

a) Mehr oder weniger als 1€?

mehr als 1€	weniger als 1€

b) Finde weitere Sachen.

⑤

13 €

16 €

Ein Block kostet _____ .

Ein Buntstift-Kasten

kostet _____ .

Einkaufen

 Kuchen 30 ct    Kaugummi 30 ct    großer Saft 60 ct

 Waffel 50 ct    Lolli 50 ct    kleiner Saft 40 ct

① a) Umut kauft einen großen Saft und einen Kuchen.

Skizze:

Lösung:

b) Lisa kauft zwei Kuchen und einen kleinen Saft.

Skizze:

Lösung:

c) Was möchtest du kaufen?

Skizze:

Lösung:

② a) Timo hat ⬤. Er kauft einen großen Saft und ein Kaugummi.
Wie viel Cent bekommt er zurück?

Skizze:

Lösung:

b) Dilara hat ⬤.
Sie kauft einen kleinen Saft, einen Kuchen und einen Lolli.
Wie viel Cent bekommt sie
zurück?

Lösung:

Skizze:

▶ SB 98

14 €

19 €

38 €

21 €

8 €

6 €

24 €

③ Was möchtest du kaufen? Finde verschiedene Möglichkeiten.
Wie viel € bekommst du als Rückgeld?

a) Du hast .

Du kaufst	Rückgeld

b) Du hast .

c) Du hast .

④ a)

1	2	3	4	5
14 €				

b)

1	2

c)

1	2	3	4	5

d)

1	2	3	4

⑤ Umut kauft zwei Sachen.

a) Er gibt möglichst wenig Euro aus.

b) Er gibt möglichst viele Euro aus.

a)

b)

Verteilen

① Verteile 24 Murmeln an 4 Kinder.

Mia	
Emira	
Umut	
Matteo	

$24 : 4 = \boxed{}$

Jedes Kind bekommt ＿＿ Murmeln.

② Verteile 18 Bonbons an 3 Kinder.

Lisa	
Matteo	
Timo	

$18 : 3 = \boxed{}$

Jedes Kind bekommt ＿＿ Bonbons.

③ Verteile 15 Kekse an 5 Kinder.

Momo	
Emira	
Lisa	
Umut	
Mia	

$\boxed{} : \boxed{} = \boxed{}$

Jedes Kind bekommt ＿＿ Kekse.

④ Verteile 15 Muffins an 3 Kinder.

Timo	
Milan	
Dilara	

$\boxed{} : \boxed{} = \boxed{}$

Jedes Kind bekommt ＿＿ Muffins.

70

► SB 102

① Immer 2 Kinder sind ein Paar.

a)

6 : 2 = ☐

Es sind ___ Paare.

b)

8 : 2 = ☐

Es sind ___ Paare.

c)

10 : 2 = ☐

Es sind ___ Paare.

② a)

9 : 3 = ☐

Es sind ___ Gruppen.

b)

12 : 4 = ☐

Es sind ___ Gruppen.

c)

10 : 5 = ☐

Es sind ___ Gruppen.

③ a)

18 : 3 = ☐

b)

16 : 8 = ☐

c)

20 : 4 = ☐

① Male und kreise ein.

a)
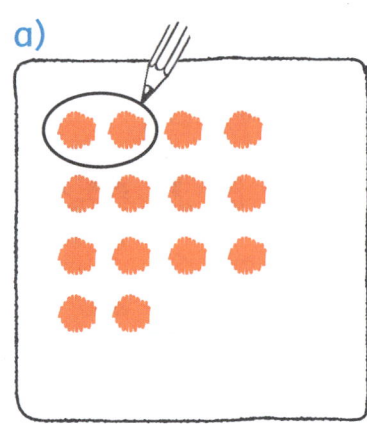
14 : 2 = ☐

b)
8 : 2 = ☐

c)
16 : 4 = ☐

d)

18 : 2 = ☐

e)

20 : 4 = ☐

f)

20 : 5 = ☐

② a) 15 : 3 = ☐

b) 15 : 5 = ☐

c) 18 : 2 = ☐

d) 18 : 6 = ☐

③ a) 13 : 2 = ☐ R ☐

b) 13 : 3 = ☐ R ☐

c) 13 : 4 = ☐ R ☐

d) 13 : 5 = ☐ R ☐

► SB 104/105

① Finde die Umkehraufgabe. Kreise ein.

a)

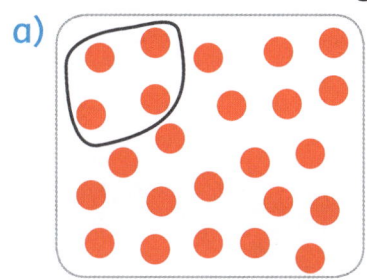

24 : 4 = ☐

☐ · 4 = 24

b)

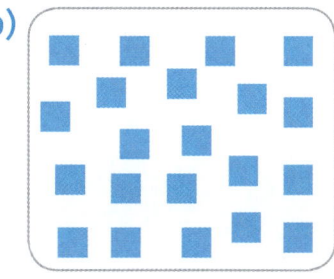

21 : 3 = ☐

☐ · 3 = ☐

c)

27 : 9 = ☐

☐ · 9 = ☐

② Male Aufgabe und Umkehraufgabe in der gleichen Farbe an.

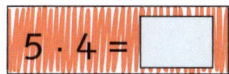 5 · 4 = ☐   2 · 9 = ☐   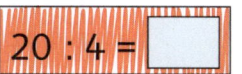 20 : 4 = ☐   5 · 7 = ☐

3 · 8 = ☐   30 : 3 = ☐   35 : 7 = ☐

18 : 9 = ☐   24 : 8 = ☐   10 · 3 = ☐

③ Finde alle 4 Aufgaben.

a)

28   7   4

7 · 4 = 28

☐ · ☐ = ☐

☐ : ☐ = ☐

☐ : ☐ = ☐

b)

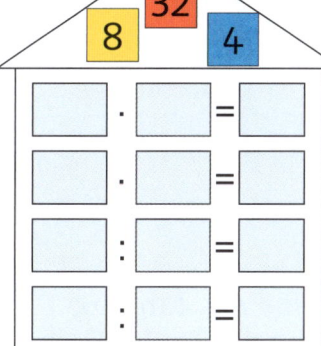

32   8   4

☐ · ☐ = ☐

☐ · ☐ = ☐

☐ : ☐ = ☐

☐ : ☐ = ☐

c)

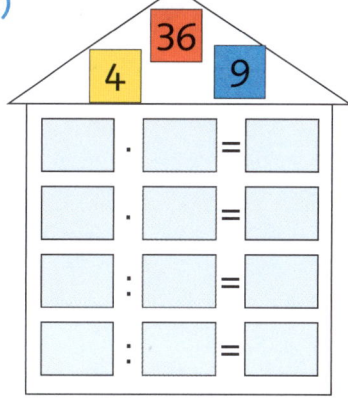

36   4   9

☐ · ☐ = ☐

☐ · ☐ = ☐

☐ : ☐ = ☐

☐ : ☐ = ☐

④ a)

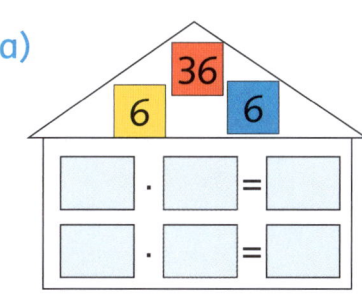

36   6   6

☐ · ☐ = ☐

☐ · ☐ = ☐

b)

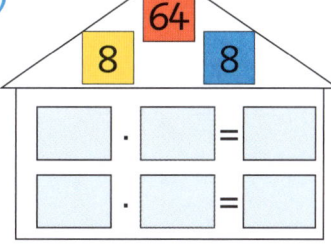

64   8   8

☐ · ☐ = ☐

☐ · ☐ = ☐

c)

16   4   4

☐ · ☐ = ☐

☐ · ☐ = ☐

Zahlenrätsel

 1 a) $\boxed{21} : 3 = 7$

  $\boxed{} : 10 = 2$

  $\boxed{} : 8 = 5$

  $\boxed{} : 2 = 9$

b) $60 : \boxed{} = 6$

  $20 : \boxed{} = 4$

  $35 : \boxed{} = 7$

  $16 : \boxed{} = 2$

c) $\boxed{} : 8 = 3$

  $24 : \boxed{} = 6$

  $\boxed{} : 5 = 5$

  $40 : \boxed{} = 4$

 2 a)

Ich denke mir eine Zahl.
Ich teile die Zahl durch 6.
Das Ergebnis ist 3.

$\boxed{} : 6 = 3$

$3 \cdot 6 = $

b)

Ich denke mir eine Zahl.
Ich teile die Zahl durch 8.
Das Ergebnis ist 4.

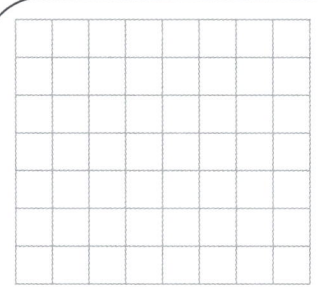

c)

Ich denke mir eine Zahl.
Ich teile sie durch 4.
Das Ergebnis ist 5.

d)

Ich denke mir eine Zahl.
Ich teile sie durch 7.
Das Ergebnis ist 3.

e)

Ich nehme die Zahl 16.
Ich teile die Zahl 16
durch eine andere Zahl.
Das Ergebnis ist 8.

$1\,6 : \boxed{} = 8$

$8 \cdot \boxed{} = $

f)

Ich nehme die Zahl 24.
Ich teile die Zahl 24
durch eine andere Zahl.
Das Ergebnis ist 3.

▶ SB 108/109

Teilen üben

① a) 20 : 5 = [4]   b) 24 : 4 = [ ]   c) 18 : 2 = [ ]   d) 24 : 8 = [ ]

        50 : 5 = [ ]   24 : 8 = [ ]   8 : 2 = [ ]   16 : 4 = [ ]

        35 : 5 = [ ]   24 : 6 = [ ]   16 : 2 = [ ]   21 : 7 = [ ]

        15 : 5 = [ ]   24 : 3 = [ ]   6 : 2 = [ ]   9 : 3 = [ ]

        45 : 5 = [ ]   24 : 2 = [ ]   10 : 2 = [ ]   18 : 6 = [ ]

② a) · 2, 5 → 10, : 2   b) · 4, 8 → [ ], : 4   c) · 6, 4 → [ ], : 6   d) · 3, 7 → [ ], : 3

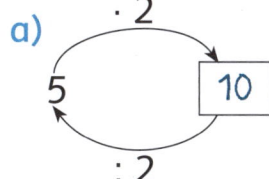 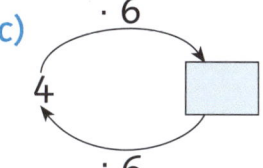 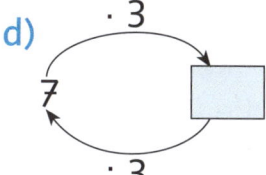

e) · [ ], 7 → 35, : [ ]   f) · [ ], 4 → 16, : [ ]   g) · [ ], 8 → 32, : [ ]   h) · [ ], 6 → 30, : [ ]

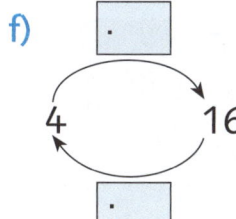 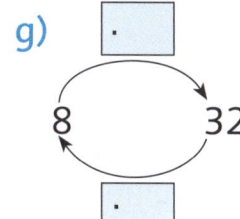 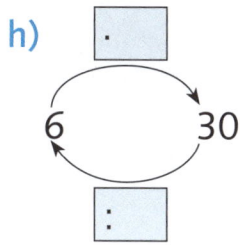

③ a) 19 : 6 = [3] R [1]   b) 9 : 4 = [ ] R [ ]   c) 21 : 5 = [ ] R [ ]

        19 : 5 = [ ] R [ ]   13 : 4 = [ ] R [ ]   22 : 5 = [ ] R [ ]

        19 : 4 = [ ] R [ ]   17 : 4 = [ ] R [ ]   23 : 5 = [ ] R [ ]

        19 : 3 = [ ] R [ ]   22 : 4 = [ ] R [ ]   24 : 5 = [ ] R [ ]

④ Finde möglichst viele Aufgaben.

24   16   30   36   18   :   3   9   8   4   6

24 : 3 =

Meter und Zentimeter

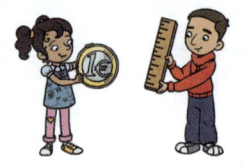

① Kürzer oder länger als 1 m?

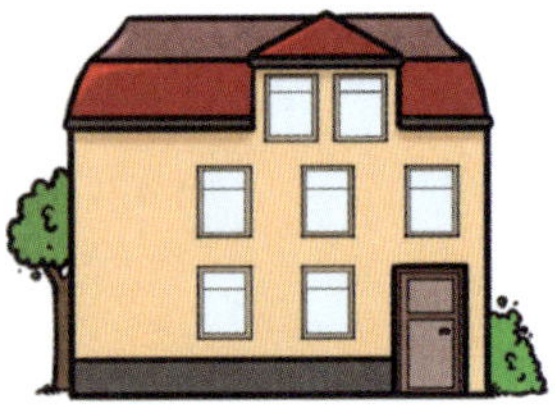

das Haus

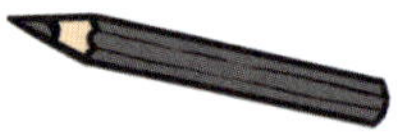

der Bleistift

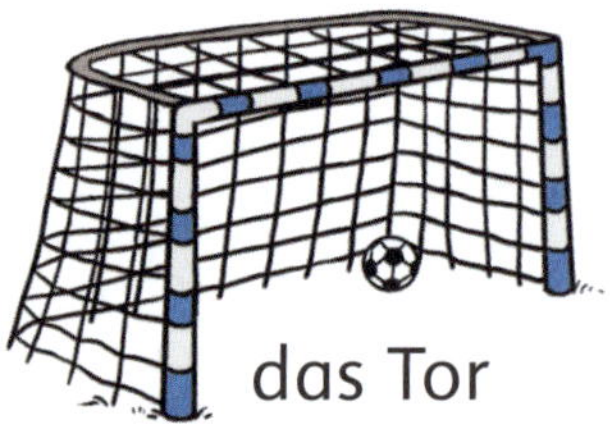

das Tor

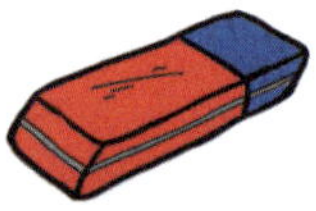

der Radiergummi

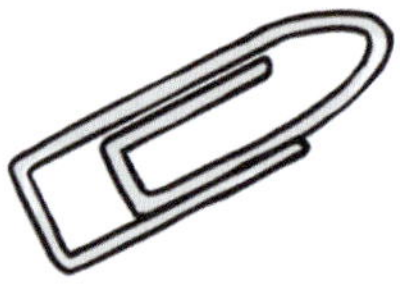

die Büroklammer

kürzer als 1 m	länger als 1 m

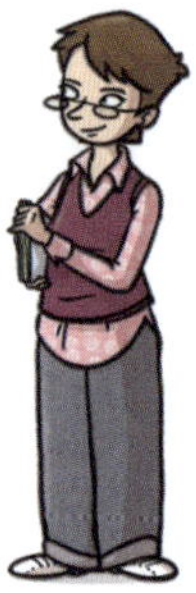

die Lehrerin

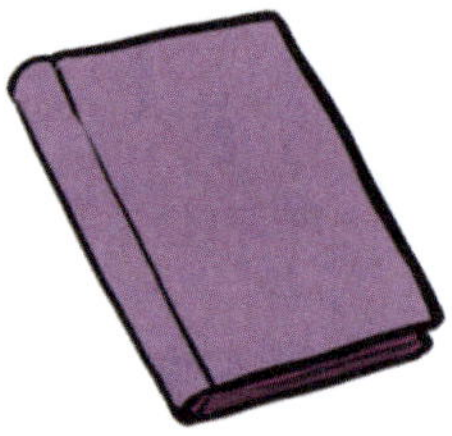

das Buch

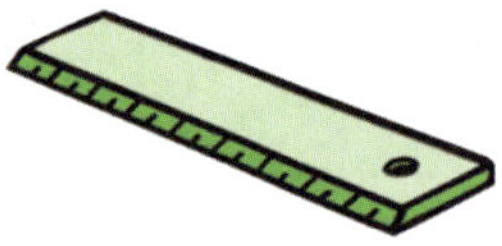

das Lineal

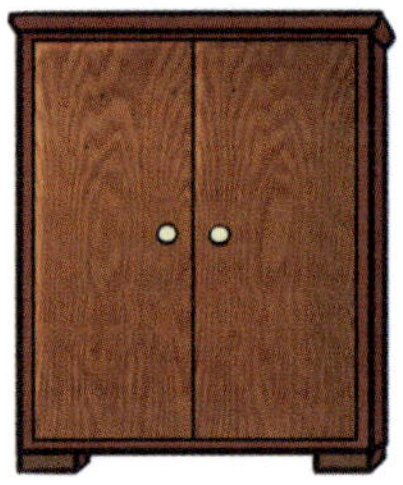

der Schrank

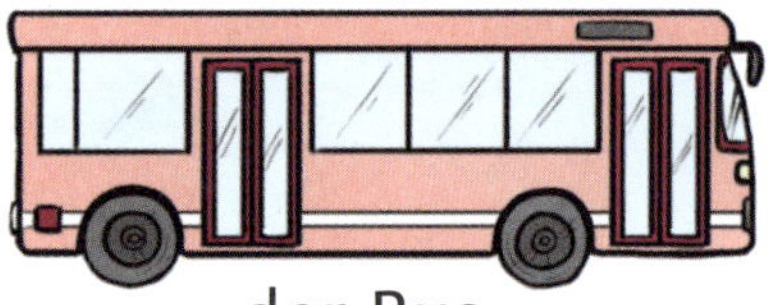

der Bus

② Wie groß sind diese Gegenstände? Verbinde.

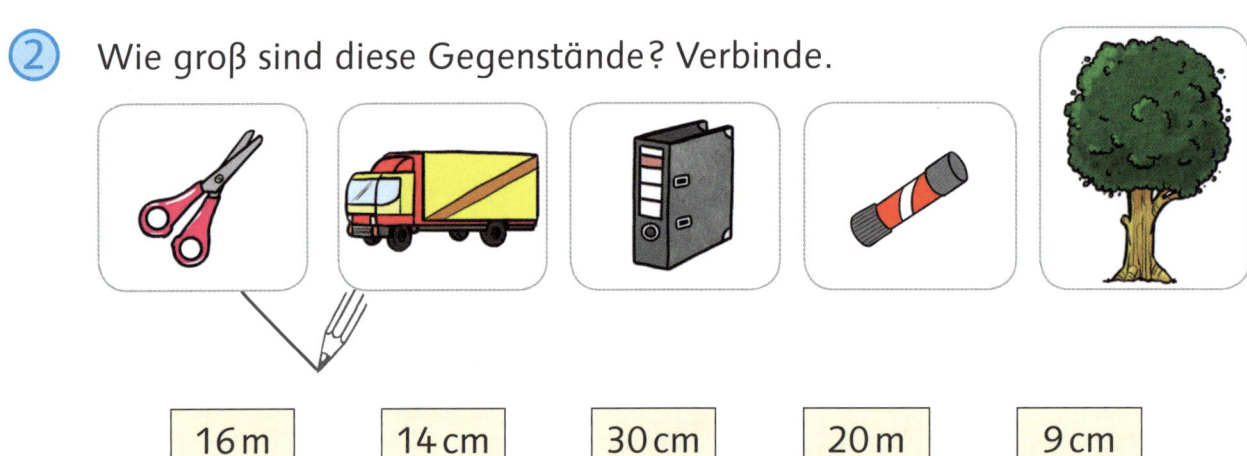

16 m | 14 cm | 30 cm | 20 m | 9 cm

③ m oder cm?

Die Klasse 2b hat neue Möbel bekommen.
Der Schrank ist 2 ____ hoch. Zwischen der Tafel und dem Schrank sind 40 ____ Platz. Zwei Regale sind auch neu.
Jedes Regal ist 50 ____ breit. Zusammen sind sie 1 ____ breit.

▸SB 112/113

①

Mia	1 m 34 cm
Timo	1 m 42 cm
Umut	1 m 44 cm
Emira	1 m 24 cm
Momo	1 m 27 cm
Natalia	1 m 32 cm
Milan	1 m 30 cm
Dilara	1 m 22 cm
Matteo	1 m 32 cm
Lisa	1 m 38 cm

Kreuze an.

	richtig	falsch
Timo ist der Größte.	☐	☐
Emira ist die Kleinste.	☐	☐
Milan ist 2 cm größer als Mia.	☐	☐
Emira ist 3 cm kleiner als Momo.	☐	☐
Umut ist 10 cm größer als Mia.	☐	☐
Dilara ist größer als Lisa.	☐	☐
Matteo und Natalia sind gleich groß.	☐	☐

② Schreibe eigene Sätze zu den Körpergrößen der Kinder.

a) Schreibe 1 richtigen Satz.

_____

_____

b) Schreibe 1 falschen Satz.

_____

_____

① Immer je eine Geschichte, | Frage |, | Rechnung | und | Antwort |
passen zusammen.
Verbinde und rechne die Aufgaben aus.

Mia ist 1 m 34 cm groß.
Umut ist 10 cm größer.

Wie groß ist Umut?

1 m 32 cm + ☐ cm = 1 m 34 cm

Emira ist _____ groß.

Milan ist 1 m 32 cm groß.
Mia ist 1 m 34 cm groß.

1 m 34 cm + 10 cm = ☐ cm

Wie viele cm ist Mia größer?

Umut ist _____ groß.

Mia ist 1 m 34 cm groß.
Emira ist 10 cm kleiner.

1 m 34 cm − 10 cm = ☐ cm

Wie groß ist Emira?

Mia ist _____ größer.

► SB 116

Rechnen mit Längen

① Sortiere die Längen.
Beginne mit der kleinsten Länge.

| 1 cm | 48 cm | 84 cm | 36 m | 1 m | 63 cm |

_____ < _____ < _____

② Vergleiche die Längen.
Setze <, > oder = ein.

a) 46 cm $\boxed{>}$ 44 cm   b) 1 m $\bigcirc$ 100 cm   c) 98 cm $\bigcirc$ 99 cm

36 cm $\bigcirc$ 54 cm   54 cm $\bigcirc$ 45 cm   68 cm $\bigcirc$ 78 cm

43 cm $\bigcirc$ 34 cm   63 cm $\bigcirc$ 36 cm   70 cm $\bigcirc$ 69 cm

26 cm $\bigcirc$ 64 cm   78 cm $\bigcirc$ 87 cm   90 cm $\bigcirc$ 9 m

③ a) 55 cm + 33 cm = ☐   b) 74 cm − 42 cm = ☐

45 cm + 43 cm = ☐   65 cm − 33 cm = ☐

35 cm + 53 cm = ☐   56 cm − 24 cm = ☐

☐ + ☐ = ☐   ☐ − ☐ = ☐

☐ + ☐ = ☐   ☐ − ☐ = ☐

④ Zusammen immer 1 m.
Male immer in der gleichen Farbe an.

| 40 cm |
| 60 cm | 95 cm | 50 cm |
| 90 cm |
| 51 cm | 35 cm | 11 cm |
| 25 cm |
| 10 cm | 65 cm | 75 cm |
| 49 cm | 5 cm | 50 cm |
| 89 cm |

Längen messen

① Miss die Stifte.

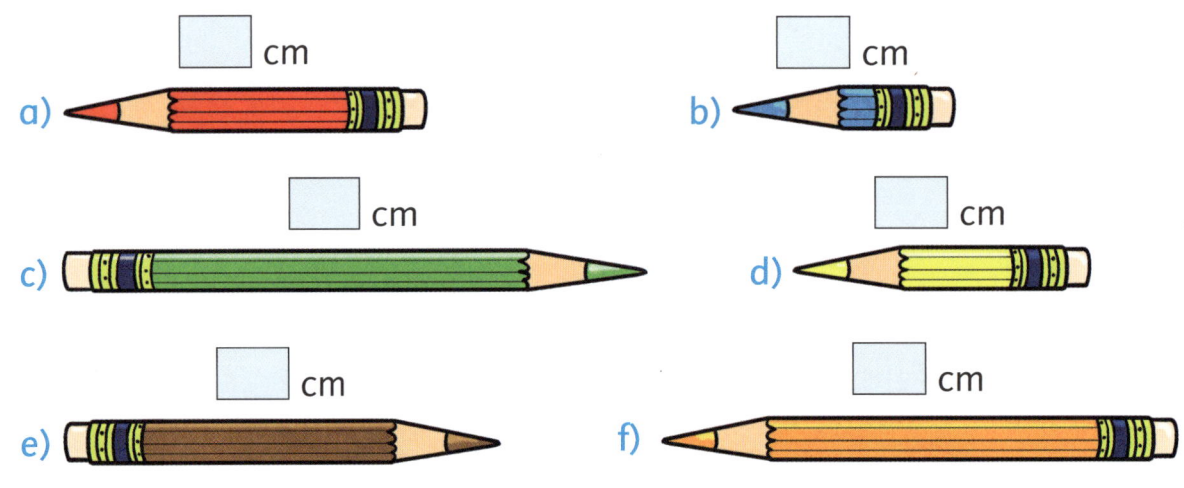

a) ☐ cm

b) ☐ cm

c) ☐ cm

d) ☐ cm

e) ☐ cm

f) ☐ cm

② Vergleiche die Stifte.
Kreuze an.

	richtig	falsch
Der längste Stift ist grün.	☐	☐
Der kürzeste Stift ist 2 cm lang.	☐	☐
Der braune Stift ist länger als der blaue Stift.	☐	☐
Der rote Stift ist kürzer als der gelbe Stift.	☐	☐
Der grüne Stift ist 2 cm länger als der braune Stift.	☐	☐
Der braune Stift ist 4 cm kürzer als der blaue Stift.	☐	☐

③ Welches ist der kürzeste Weg?
Miss und vergleiche.

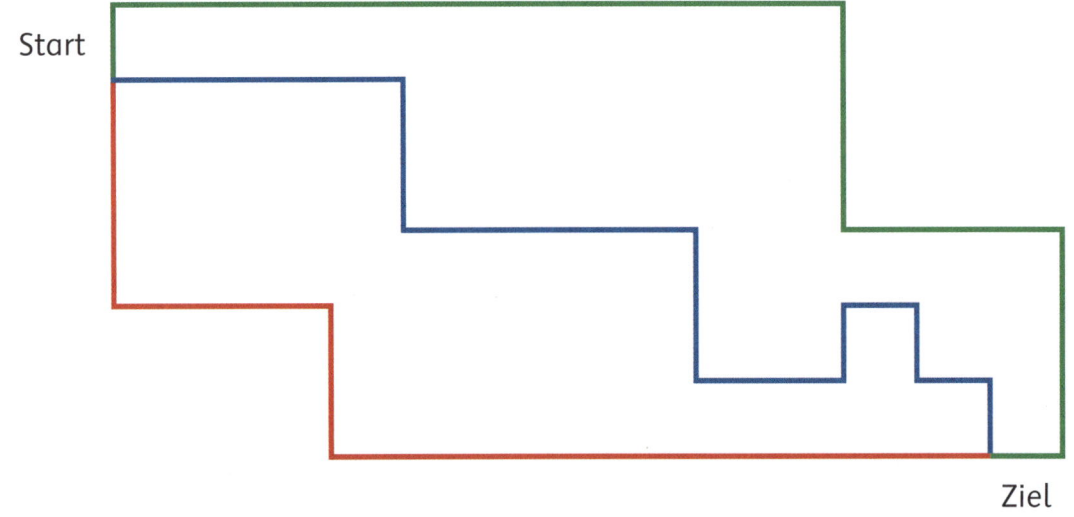

Start

Ziel

► SB 117

Längen zeichnen

1 Zeichne mit dem Lineal.

a) 5 cm ├────────────────┤

b) 7 cm

c) 3 cm

d) 9 cm

e) 1 cm

f) 10 cm

g) 13 cm

2 Zeichne mit dem Lineal.
a) Zeichne ein Quadrat. Die Seiten sind 2 cm lang.

b) Zeichne ein Quadrat. Die Seiten sind 4 cm lang.

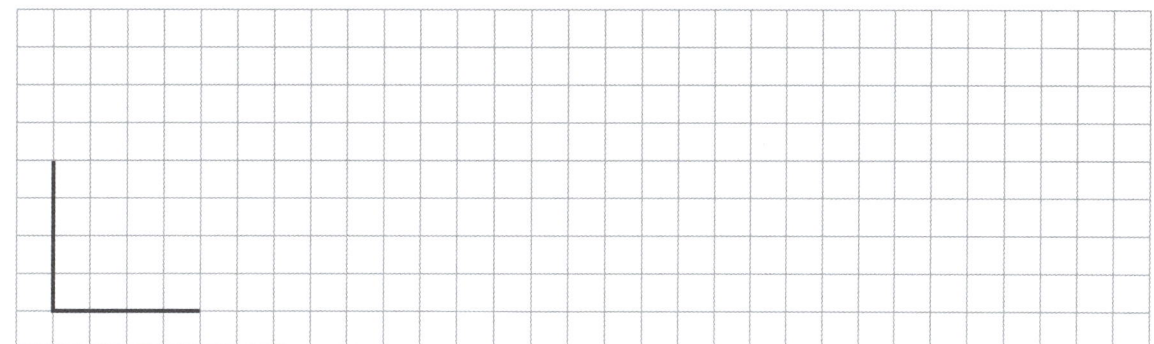

3 Zeichne mit dem Lineal.
a) Zeichne ein Rechteck. Die Seiten sind 5 cm und 3 cm lang.

b) Zeichne ein Rechteck. Die Seiten sind 6 cm und 2 cm lang.

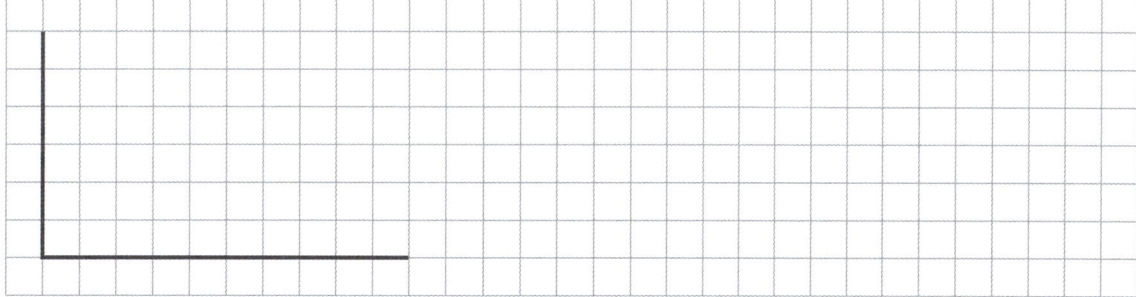

1 Beschreibe die Körper.

die Kante   die Ecke   quadratisch

die Fläche   rund

rechteckig

a) der Würfel

_____

_____

_____

_____

_____

b) der Zylinder

_____

_____

_____

_____

_____

c) die Kugel

_____

_____

_____

_____

_____

▶ SB 120

② **a)** Suche in deinem Klassenraum Körper.
Schreibe die Sachen in die Tabelle.

b) Vergleiche mit einem Partner.

③ Male zu jedem Körper die Flächen in die Tabelle.
Verbinde die Sätze mit den passenden Körpern.

Der Körper hat 6 Flächen.
Die Flächen sind rechteckig.

Der Körper hat 6 Flächen.
Die Flächen sind quadratisch.

Der Körper hat 2 kreisförmige
Flächen und 1 rechteckige Fläche.

Der Körper hat 6 Flächen.
Die Flächen sind rechteckig
und quadratisch.

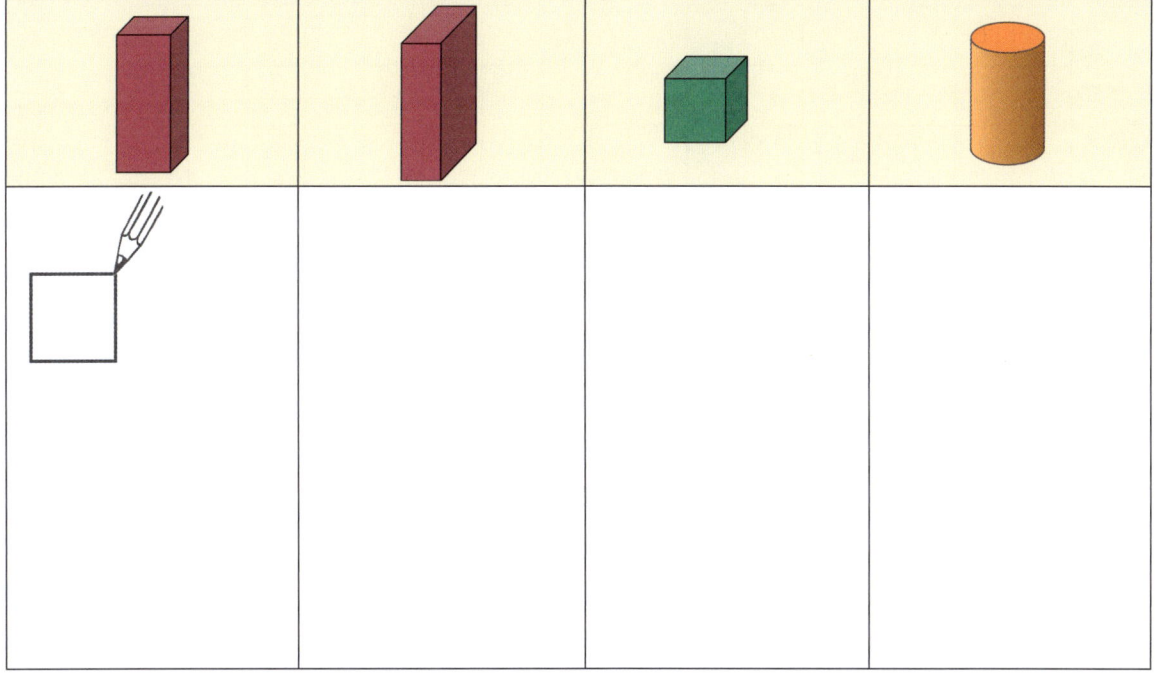

Bauen mit Würfeln

① a) Baue die Würfelgebäude.

0	0	0
1	1	0
1	1	0

0	0	0
2	2	0
2	2	0

0	0	0
3	3	0
3	3	0

b) Wie geht es weiter?
   Schreibe den Bauplan.

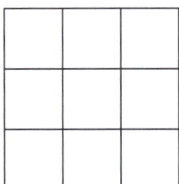 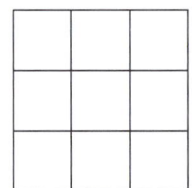

c) Was entdeckst du? Schreibe auf:

_____

_____

d) Gibt es ein passendes Würfelgebäude mit 29 Würfeln?

☐ ja   ☐ nein

② Baue eigene Würfelgebäude.
   Schreibe den Bauplan dazu.

 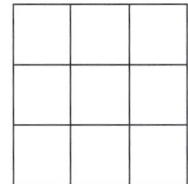 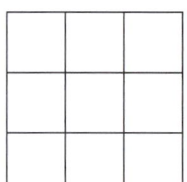 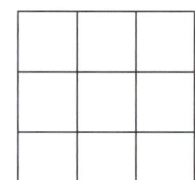

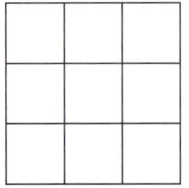 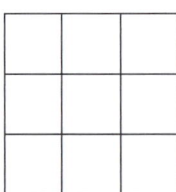 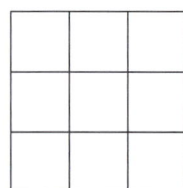 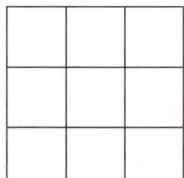

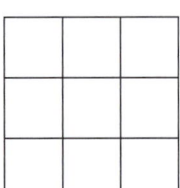 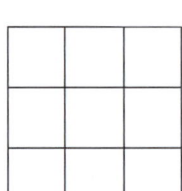 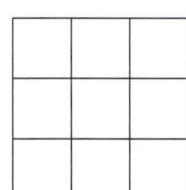

► SB 121

3 Finde gleiche Würfelgebäude.

a) Schreibe zuerst den Bauplan.

b) Vergleiche.

c) Verbinde gleiche Würfelgebäude miteinander.

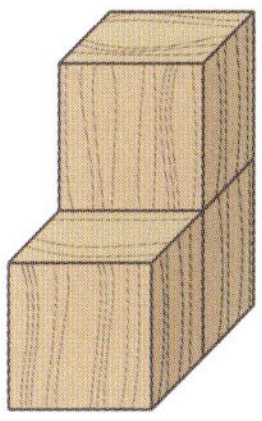

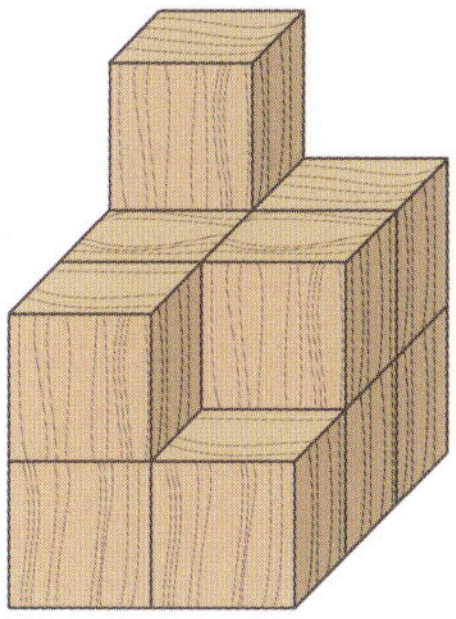

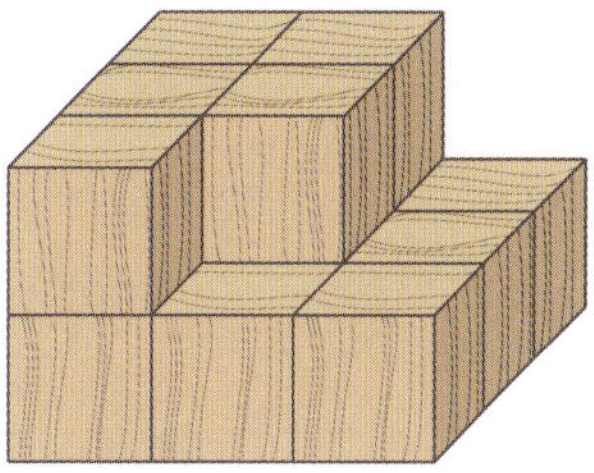

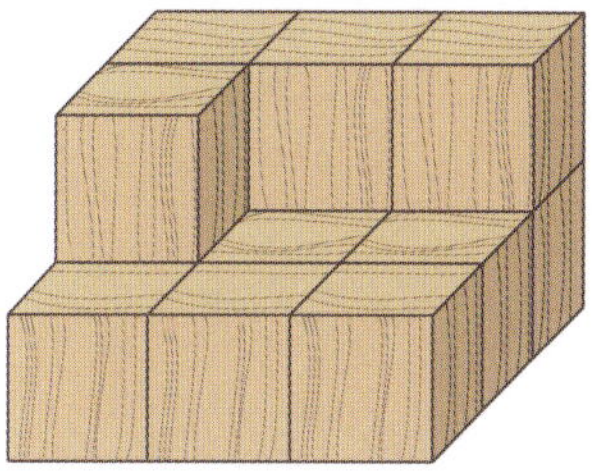

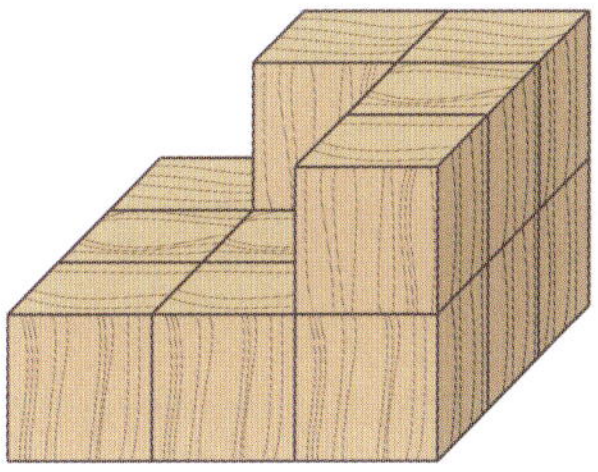

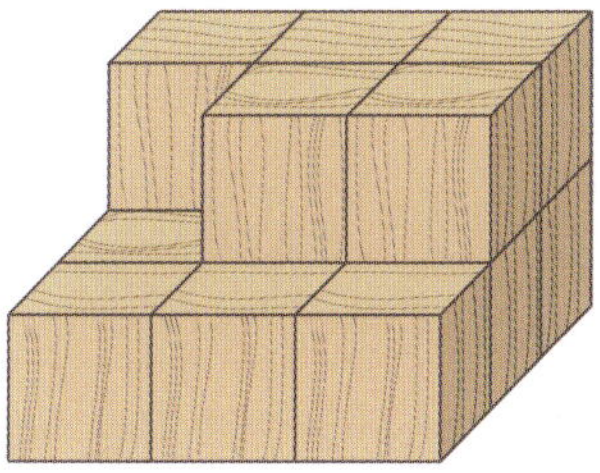

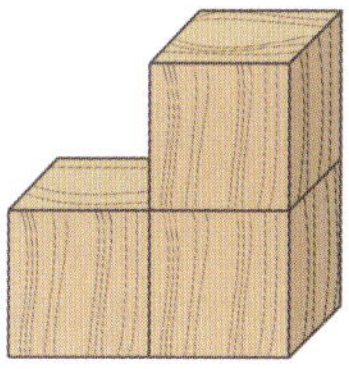

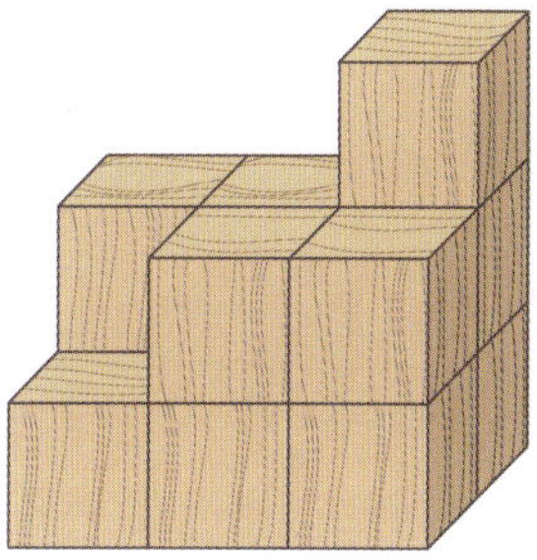

4 Sind diese Würfelgebäude gleich?
Begründe.

_____

_____

_____

_____

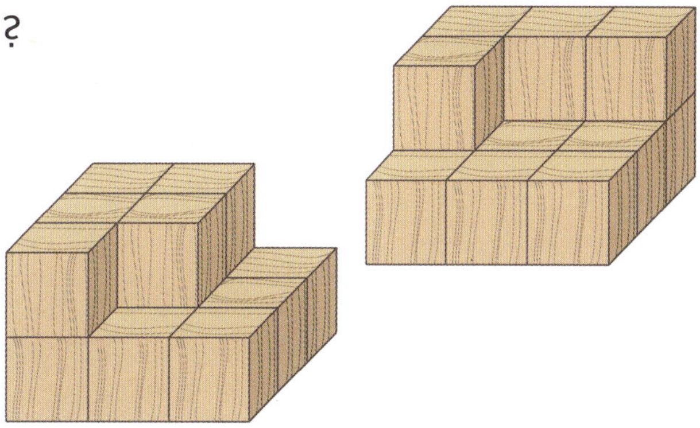

Sechslinge

① Male gleiche Sechslinge in einer Farbe an.

② Baue den Sechsling.
Kannst du daraus einen Würfel falten?

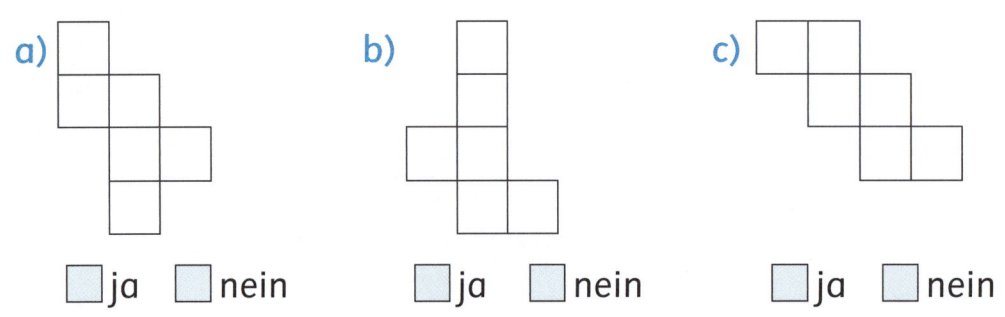

a) ☐ ja ☐ nein

b) ☐ ja ☐ nein

c) ☐ ja ☐ nein

▸ SB 124

3 Falte einen Würfel.
Male zwei gegenüberliegende Flächen an.
Finde verschiedene Möglichkeiten.

a)
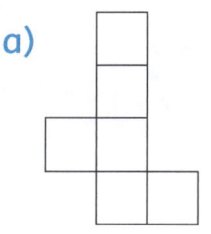 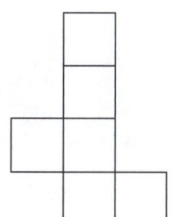 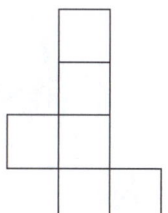 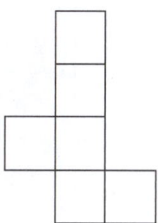

b)
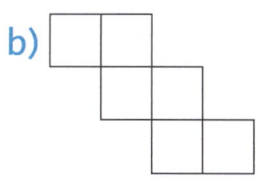 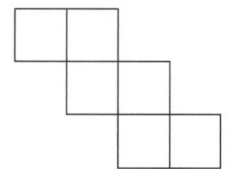 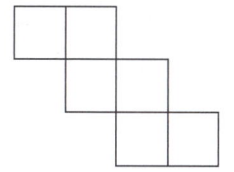 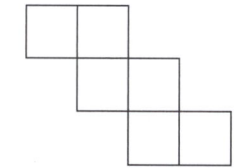

c)
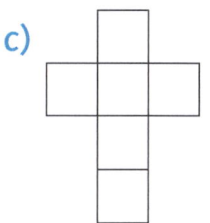 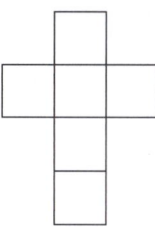 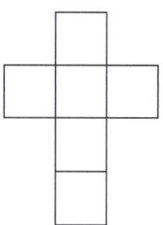 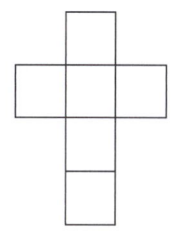

d) Wie viele verschiedene Möglichkeiten kannst du finden?
Begründe:

_____

_____

_____

_____

_____

_____

_____

_____

_____

_____

_____

① Beantworte die Fragen.

a) Wie teuer ist der Eintritt für alle zusammen?

Lösung:

Antwort: _____

b) Wann fängt die Vorstellung an?

Lösung:

Antwort: _____

c) Emira möchte nur Popcorn haben.
   Umut möchte nur eine Cola haben.
   Ist es günstiger, wenn sie ein Sparmenü kaufen?

Lösung:

Antwort: _____

_____

► SB 128–131

② Welche Aufgaben passen zum Bild?
Male an.

| 4 + 4 + 4 + 4 |
| 24 : 4 |
| 4 · 6 |
| 6 + 6 + 6 + 6 |

③ Die Geschichte soll zur Lösung passen.
Was musst du ändern?
Schreibe die richtige Geschichte auf.

Rechengeschichten	Lösungen
A Timo ist 20 cm größer als Momo.	1 m 27 cm + 15 cm

_____

_____

| **B** Ein Stift ist 7 cm lang. Ein Pinsel ist doppelt so lang. | 6 cm + 14 cm |

_____

_____

| **C** Mias Vater ist 1 m 68 cm groß. Mia ist 52 cm kleiner. | 1 m 86 cm − 52 cm |

_____

_____

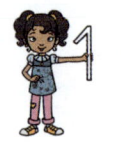

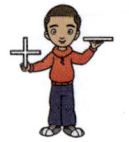

Rechengeschichten (2)

1. Finde eine Lösung und schreibe die Antwort auf.

a) Matteo möchte eine CD für 15 € kaufen.
Er bekommt jede Woche 1 € und hat schon 6 € gespart.
Wie viele Wochen muss Matteo noch sparen?

Lösung:

Antwort: Matteo muss noch ______________________

____

b) In einer Klasse sind 24 Kinder.
Die Hälfte kommt zu Fuß zur Schule.
4 Kinder fahren mit dem Bus.
Die restlichen Kinder werden mit dem Auto gefahren.
Wie viele Kinder werden mit dem Auto zur Schule gebracht?

Lösung:

Antwort: ______________________________________

____

c) Beim Fußballturnier spielen die Klassen 1 a, 1 b, 2 a und 2 b gegeneinander.
Wie oft spielt jede Klasse?

Lösung:

Antwort: ______________________________________

____

► SB 128–131

② Zeichne eine Skizze zur Rechengeschichte.
Beantworte die Frage.

a) Auf einer Wiese sind 10 Tiere.
Es sind Pferde und Fliegen.
Zusammen haben sie 52 Beine.
Wie viele Pferde und wie viele Fliegen sind auf der Wiese?

> **Tipp**
> Pferde haben 4 Beine.
> Fliegen haben 6 Beine.

Antwort: _Auf der Wiese_ _____

b) Auf einem Parkplatz stehen 15 Fahrzeuge.
Es sind Autos und Motorrräder.
Zusammen haben sie 46 Räder.
Wie viele Autos und wie viele Motorräder
stehen auf dem Parkplatz?

Antwort: _____

① Verbinde die Uhr mit den passenden Uhrzeiten.

| 4.45 Uhr | 7.00 Uhr | 8.15 Uhr | 3.30 Uhr | 5.15 Uhr |

| 15.30 Uhr | 16.45 Uhr | 17.15 Uhr | 19.00 Uhr | 20.15 Uhr |

② Male die Uhr mit den passenden Uhrzeiten in der gleichen Farbe an.

11.30 Uhr	halb drei
14.30 Uhr	18.15 Uhr
17.00 Uhr	10.45 Uhr
halb zwölf	1.15 Uhr
19.45 Uhr	6.15 Uhr
Viertel nach eins	23.00 Uhr
22.45 Uhr	2.30 Uhr
23.30 Uhr	Viertel vor acht
13.15 Uhr	7.45 Uhr
Viertel vor elf	Viertel nach sechs
11.00 Uhr	5.00 Uhr

► SB 136

③ Schreibe die Uhrzeit.

a)

__3.45 Uhr__

__15.45 Uhr__

__Viertel vor 4__

b)

_____

_____

_____

c)

_____

_____

_____

d)

_____

_____

_____

e)

_____

_____

_____

f)

_____

_____

_____

g)

_____

_____

_____

g)

_____

_____

_____

④ Male die Zeiger der Uhr.

a)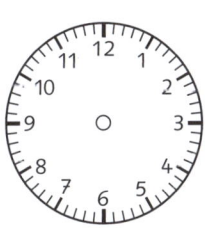

12.30 Uhr

b)

3.30 Uhr

c)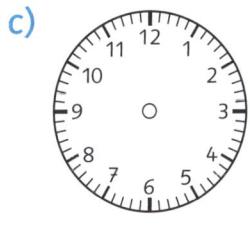

18.45 Uhr

d)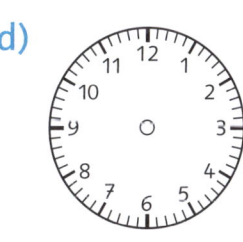

23.30 Uhr

e)

zwei Uhr

f)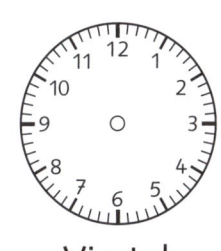

Viertel
vor vier

g)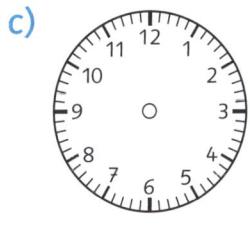

halb neun

g)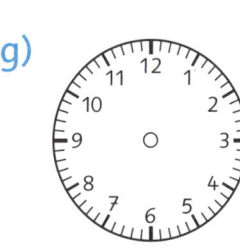

Viertel
nach zehn

① Wie lange dauert es? Verbinde.

45 Minuten

5 Minuten

30 Minuten

3 Minuten

10 Minuten

90 Minuten

---

② Wie viele Stunden sind vergangen?

a) 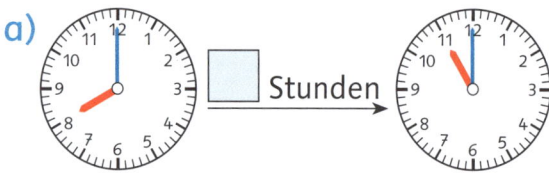 Stunden

b) 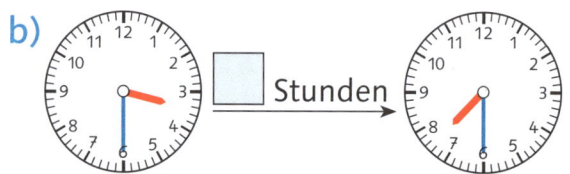 Stunden

c) 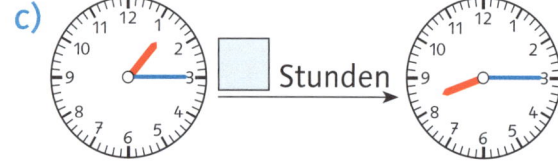 Stunden

d) 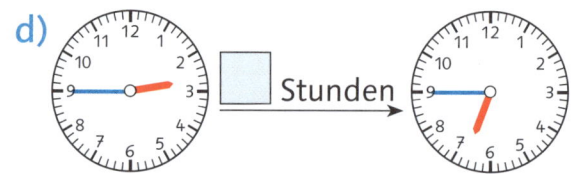 Stunden

---

③ a) Es ist 16.00 Uhr. In einer Stunde ist es _____ Uhr.

b) Es ist 16.00 Uhr. In zwei Stunden ist es _____ Uhr.

c) Es ist 16.00 Uhr. In zwölf Stunden ist es _____ Uhr.

---

④ a) Es ist 16.00 Uhr. Vor einer Stunde war es _____ Uhr.

b) Es ist 16.00 Uhr. Vor zwei Stunden war es _____ Uhr.

c) Es ist 16.00 Uhr. Vor zwölf Stunden war es _____ Uhr.

► SB 138

Kalender

① Schreibe das Datum.

lang	kurz
10. Januar	10.1.
25. Februar	
18. Dezember	
3. März	
28. Mai	
23. September	
17. Juni	
1. August	

lang	kurz
	14.9.
	21.8.
	24.12.
	19.1.
	4.2.
	29.6.
	11.11.
	30.4.

② Schreibe das Datum.

gestern	heute	morgen
	Montag, 17. Februar	
	Mittwoch, 24. August	
	Donnerstag, 4. Dezember	
	Samstag, 10. November	

③ Suche das Datum im Kalender von diesem Jahr.

	Datum	Monat	Wochentag
Mein Geburtstag			
Beginn der Sommerferien			
Neujahr			
Weihnachten			
Tag der deutschen Einheit			
Nikolaus			

Mathematik
2
Arbeitsheft

Erarbeitet von

Ümmü Demirel, Astrid Deseniss, Claudia Drews, Christina Hohenstein,

Christian Grulich, Anne Schachner, Susanne Ullrich, Christine Winter und

der Cornelsen Redaktion Primarstufe

Redaktion

Mario Hanschmann-Neubert und Angela Lucke

Illustration

Doris Umschaden

Christine Wächter S 5, 64, 66, 68, 69 (Münzen und Scheine), S. 85 (Würfelbauten)

Layoutkonzept und Umschlaggestaltung

Katharina Wolff-Steininger und Rosendahl Berlin

Layout und technische Umsetzung

Checkplot Anker & Röhr

Zu diesem Titel passende **Lernstandserhebungen** finden Sie als Gratis-Download unter **www.cornelsen.de**. Geben Sie dazu den Suchbegriff „Lernstandserhebungen" ein. Dort finden Sie die Links, unter denen Sie die Lernstandserhebungen kostenlos herunterladen können.

www.cornelsen.de

1. Auflage, 12. Druck 2025

© 2012 Cornelsen Verlag, Berlin
© 2018 Cornelsen Verlag GmbH, Mecklenburgische Str. 53, 14197 Berlin, E-Mail: service@cornelsen.de

Druck: Drukarnia Dimograf Sp. z o.o., Bielsko-Biała

ISBN 978-3-06-082045-0

PEFC-zertifiziert
Dieses Produkt
stammt aus
nachhaltig
bewirtschafteten
Wäldern und
kontrollierten Quellen
PEFC/32-31-076   www.pefc.pl